LEBEN
ODER
THE
ATER
558

Monika Schoene

Leise Revolten von Frauen

Träume und Inspirationen vor blauem Grund

Sechs biografische Essays über

Elizabeth von Arnim
Franziska zu Reventlow
Katia Mann
Marta Feuchtwanger
Hélène de Beauvoir
Charlotte Salomon

Mit Beiträgen von Margarete Eisner
und Dieter Schoene

vta

Impressum

Die Deutsche Nationalbibliothek verzeichnet diese Publikation in der Deutschen Nationalbibliographie; detaillierte bibliographische Daten sind im Internet über http://dnb.dnb.de abrufbar.

1. Auflage November 2019

Email: verlagta@gmail.com, www.verlag-ta.de

Druck und Vertrieb: Books on Demand GmbH
In de Tarpen 42
22848 Norderstedt
Gesetzt aus der Athelas serif und der Gill sans serif light.
Umschlaggestaltung: deblik Berlin
Bild Rückseite und Frontispiz: „Der Mensch sitzt am Meer“ von Charlotte Salomon, ca. 1941-1942. Gemeinfrei laut Wikipedia.org (Datei *Charlotte Salomon - JHM 4925.jpg*, angeklickt 1. Oktober 2019)

ISBN 978-3-946130-25-3

Das Leben behält einen Wert, solange man durch
Liebe, Freundschaft, Empörung oder Mitgefühl
am Leben der anderen teilnimmt.
Simone de Beauvoir

Inhalt

Prolog

Seit der Französischen Revolution (1789), insbesondere mit der sich anschließenden *Erklärung der Rechte der Frau und Bürgerin* (1791) durch die französische Schriftstellerin Olympe de Gouges (1748-1793), nimmt das Wissen zu, dass allen Menschen gleiche Rechte zustehen. Ungeachtet dessen ignorierten Gesellschaft, Adel und Familiengemeinschaften weiter die Rechte der Frauen und verzögerten notwendige Veränderungen in Hinblick auf Gleichberechtigung.

Die Leben der hier beschriebenen Protagonistinnen verliefen in einer Epoche (Mitte des 19. Jh. bis Ende des 20. Jh.), in der das Patriarchat vorherrschte, in der Wilhelminischen Gesellschaft, in der englischen und französischen Oberschicht ebenso wie in den jeweiligen Diktaturen. Der Mann besaß die Macht durch seine bevorzugte Stellung in Staat und Familie. Kirchen, Schulen und Parteien mit ihren autoritär-patriarchalischen Strukturen dominierten Erziehung und Sozialisation.

Nach Albert Camus (1913-1960), französischer Autor und Nobelpreisträger für Literatur, hätten nur die Sich-Empörenden mit ihrer Revolte Aussichten, ein „Mensch" zu werden und damit gleichberechtigt zu sein. Die in der Folge erwähnten Frauen revoltierten mit ihren Einstellungen und Handlungen gegen die bestehenden Verhältnisse ihrer Zeit. Ihre Biografien, Werke und Aktivitäten zeigen ihren Mut, sich für eine freiere und humanere Welt einzusetzen. Sie sind Beispiele dafür, dass gesellschaftlich und historisch bedingte Wertvorstellungen sowie Vorurteile erfolgreich infrage gestellt werden können, und dies trotz teils verheerender zeitgeschichtlicher Bedingungen. Sie reagierten mit Empörung und Entrüstung auf sinnwidrige Zustände und setzten auf unterschiedliche Weise absurden Lebenssituationen ihre freiheitliche Weltanschauung, ihre Liebe zum Leben und ihren respektvollen Umgang im menschlichen Miteinander entgegen.

Im Folgenden werden aus den sechs biografischen Essays dieses Buches vorab einige charakteristische Situationen weiblicher Revolte kurz skizziert.

Elizabeth von Arnim (1866-1941)

Ihre Eheschließung mit Henning August Graf von Arnim-Schlagenthin (1851-1910) versetzte sie in den Stand einer deutschen Gräfin von Arnim. In dieser Rolle wurde von ihr erwartet, sich den Konventionen der Wilhelminischen Gesellschaft anzupassen. Die zweite Heirat mit Earl John Francis Stanley Russell (1865-1931) erhob sie in den englischen Adelsstand, und sie sollte die in England geltenden Regeln für eine Countess akzeptieren. Dieser Ehemann galt als typischer Vertreter patriarchalischen Auftretens und Denkens. Durch Freunde gewarnt, schloss Elizabeth am Tage der Eheschließung jeglichen Vermögenszuwachs zu Francis Russells Gunsten bei einer eventuellen Ehescheidung aus. Darin und in der von ihr im Jahr 1919 durchgesetzten Trennung von Francis sind ihre individuellen Revolten zu sehen. Mittels dieser unwiderruflichen Erklärung konnte sie das patriarchale englische Scheidungsrecht aushebeln.

Ihre Autorenschaft war ebenfalls ein Akt der Revolte. Sie reflektierte ihre Erlebnisse ernst und humorvoll und verlieh dabei der unbefriedigenden Realität ebenso wie den empfundenen Frustrationen Ausdruck. Unkonventionell und freigeistig gab sie in ihren vielfältigen Buchprojekten den Frauen Anregungen, ihre Lebenssituation zu überdenken und sich mutig ihre Gleichberechtigung zu erobern.

Elizabeth von Arnims aufrichtiges Bemühen war es, sich Klarheit über ihre Gedanken und Gefühle zu verschaffen und keine Abstraktionen des Lebens zu beschreiben, sondern einen Ausweg aus ihrer Verzweiflung aufzuzeigen.

Franziska zu Reventlow (1871-1918)

Erdrückende Beschränkungen erlebte die Gräfin F. zu Reventlow in ihrer Kindheit und Jugend. Während die Brüder im großen Schlosspark toben und klettern durften, wie sie wollten, erntete sie dafür „Prügel“ und Tadel. Sie blieb trotz aller Maßregelungen die Tochter mit dem ungestümen Temperament. Als adeliges Mädchen war es ihr vorbestimmt, sich später entweder „standesgemäß“ zu verheiraten oder das Leben einer Stiftsdame zu führen. Ihre Schwester wählte Letzteres. Franziska jedoch revoltierte gegen dieses vorgebahnte Leben. Ihr Lebenswunsch war es, Malerin zu werden.

Sie wehrte sich daher gegen die Ablehnung des Vaters, ihr eine Malausbildung zu ermöglichen, rang ihm schließlich die Erlaubnis zur Teilnahme an einem Lehrerinnenseminar ab, weil sie so hoffen konnte, einmal selbst ihren Malunterricht bezahlen zu können.

Als ihr – inzwischen volljährig – der Vater untersagte, als Lehrerin zu arbeiten, floh sie aus dem Pfarrhaus, in dem sie Moral und Haushalt lernen sollte. Damit nahm sie den Bruch mit dem Elternhaus in Kauf. Sie heiratete überstürzt und ging zum Malunterricht nach München. Dort erwachten alle ihre bisher unterdrückten Lebenswünsche: Sie entdeckte ihre Sinnlichkeit und begann ein freies erotisches Leben, was sie beglückte. In ihrer essayistischen Prosa heißt es, sie wünsche allen Frauen, dass sie ihre sexuelle Lust genauso frei und freudig leben dürfen, wie es Männern zugestanden werde. Zugleich sollten Frauen am geistigen Leben der Männer teilnehmen können.

Anfang des 20. Jahrhunderts sich in der Frauenfrage so deutlich zu positionieren und öffentlich in ihrem Text *Das Männerphantom der Frau* die Doppelmoral der Gesellschaft zu problematisieren, war mutig. Früchte ihrer Haltung, „Allen Gewalten zum Trutz sich erhalten“ (Goethe), waren Humor und Sprachwitz. Dies zeigte sich nicht nur in ihren späteren Romanen, sondern auch in ihrer Gabe, Witze zu erfinden. Sie verkaufte sie an den *Simplicissimus*, ein gesellschaftskritisches Satireblatt. Humor und Witz beschreiben oft empörende Gesellschaftssituationen, machen diese durch Lachen erträglicher, ohne die inhaltlichen Aspekte zu verkleinern.

Dankbar erwähnte sie immer wieder die Literatur und insbesondere den Schriftsteller Henrik Ibsen (1828-1906). Bei ihm habe sie gefühlt, „daß jeder ein unveräußerliches Recht an sein Ich und sein eigenes Leben hat“.

Katia Mann (1883-1980)

Katia Mann bedauerte es, nicht als Junge auf die Welt gekommen zu sein, nahm nach bestandenem Abitur das Studium der Mathematik und Physik auf, obwohl dies zu der Zeit als Domäne der Männer galt.

Sie war sich ihrer Reize als junge Frau nicht bewusst, genoss aber das intensive Werben Thomas Manns und willigte 1905 in die Eheschließung ein. Auf die bald folgende Geburt ihrer ersten Tochter Erika reagierte das Ehepaar enttäuscht, denn zeitgemäß und erwünscht war ein Stammhalter.

Die junge Ehefrau avancierte zum Haushaltsvorstand und galt als das kommunikative Zentrum der Familie. Ihrem Gatten ermöglichte sie dadurch die volle Konzentration auf seine schriftstellerischen Aufgaben, denn sie entlastete ihn von den Pflichten des alltäglichen Lebens.

Ihre geistige Fähigkeit bewies sie mit der anspruchsvollen Übersetzung des Romans *Jahrmarkt der Eitelkeit* von William M. Thackeray (1811-1863) vom Englischen ins Deutsche.

Im Ersten Weltkrieg, auf sich allein gestellt, mobilisierte sie ihre Kräfte, sicherte unermüdlich legal oder illegal die Versorgung der großen Familie mit den heranwachsenden Kindern und ihrem Schriftsteller-Ehemann, trotz zwischenzeitlicher Schwangerschaften.

Bei aller Stärke empfand Katia Überforderungsgefühle, die in Krankheiten und Stimmungen der Melancholie ihren Ausdruck fanden. Sie ließ sich dennoch nicht beirren, erfüllte weiterhin die Aufgaben und blieb dem Ehepartner gewogen.

Eine klare Machtposition oblag ihr mit der Verwaltung der Tantiemen, den Regelungen der Ausgaben und den nie endenden Geldforderungen der Familienmitglieder. Sie glich klug viele Querelen der immer schwierigen Kinder aus und schirmte ihren Ehemann davor ab. So trug sie allein die Sorgen um das Suchtverhalten von Tochter Erika und Sohn Klaus, bis hin zu dessen Suizid. Sie war über die Gefahren informiert, denen sich die Geschwister durch ihren konkreten Widerstand gegen den Nationalsozialismus ausgesetzt hatten. Es gelang ihr, den drohenden Bruch zwischen dem Vater und den erwachsenen Kindern aufgrund der politischen Kontroversen zu verhindern. Sie bewältigte Verluste von Verwandten und Freunden, die Emigration und später die Verhöre durch die scharfe McCarthy-Ära (1947-1956) in Amerika. Resolut und dennoch dem Ehemann gegenüber schonend, setzte sie sich 1946 für dessen erforderliche Lungenoperation (Diagnose Krebs) in Amerika ein.

Den Sinnwidrigkeiten in ihrem Leben stellte sie sich mit Würde, und es gelang ihr oft, durch ihre sozialen Fähigkeiten auszugleichen. Diese Selbstständigkeit im Urteilen, Denken und Handeln erforderte generell Mut und kennzeichnete, trotz aller Ungewissheiten, ihre individuelle Revolte.

Marta Feuchtwanger (1891-1987)

Ursprünglich strebte Marta Feuchtwanger, wie Lion Feuchtwanger (1884-1958), eine offene Beziehung an; dennoch heiratete das Paar nach eingetretener Schwangerschaft 1912 und begab sich auf eine Hochzeitsreise in den Süden. Der Tod ihres Kindes kurz nach seiner Geburt und eine Typhusinfektion von Lion erschütterten das Paar. Nachfolgende schwierige Lebensumstände verstärkten ihre Verbundenheit.

1914 erreichten Marta und Lion die Stadt Tunis, die zu dieser Zeit unter französischem Protektorat stand. Die Machthaber inhaftierten Lion, denn mit Beginn des Ersten Weltkrieges galten männliche Deutsche als Feinde. Diese Schutzhaft unterband ihre Freiheit vollends und der Ausgang der Situation war ungewiss. Marta revoltierte unerschrocken, sie besorgte illegal Pässe und überzeugte mit sicherem Auftreten einen hochrangigen Offizier, Lion einen Gefangenenurlaub auf Ehrenwort zu gewähren. Dies bot die Gelegenheit zu flüchten. Auf einem Schiff kamen sie nach Palermo und konnten von dort aus Deutschland erreichen.

Im Zweiten Weltkrieg flohen die Feuchtwangers nach Südfrankreich. Ihrer jüdischen Abstammung wegen und als Deutsche erneut zu feindlichen Ausländern erklärt, wurden sie getrennt in unterschiedlichen Internierungslagern festgesetzt. Marta empörte sich und handelte nicht nur für sich, sondern erreichte mit großem Einsatz Erleichterungen für ihre Mitgefangenen. Der tödlichen Gefahr trotzend, organisierte sie ihre Flucht aus dem Lager. Bei größtem Risiko gelang ihr unerschrocken der Coup, Lion in Frauenkleidern aus dem Männerlager zu befreien.

Das riskante Handeln lohnte, denn zu Fuß über die Pyrenäen konnten sie auf getrennten Wegen, per Schiff, endlich die Vereinigten Staaten erreichen. Sich den Fesseln einer lebensbedrohlichen Situation zu entziehen ist besser, als in ihr zu erstarren.

Hélène de Beauvoir (1910-2001)

Hélène de Beauvoir revoltierte eigenständig und gemeinsam mit ihrer älteren und später berühmten Schwester gegen viele Lebensumstände. Durch ihr früh erlerntes Lesenkönnen eroberte sie sich Freiräume des Rückzugs und Kenntnisse über vielfältige Lebensformen.

> Wer liest, denkt nach, wer nachdenkt, bildet sich eine Meinung ... Lesen beflügelt ... stellt nicht nur Lebensentwürfe infrage, sondern auch Vorgaben höherer Instanzen wie Gott, Gatte, Regierung, Kirche ... Phantasie trägt weg aus der Gegenwart, wohin? (Heidenreich, in: Bollmann 2005, S. 14 u. S. 19)

Religiöse Repressalien erlebte Hélène nicht nur im Elternhaus, sondern noch verstärkt als Schülerin in einem katholischen Mädcheninstitut. Die Religion kann unter die Kategorie des soziokulturellen Absurden subsumiert werden, welches aus Gewaltanwendung, Unterdrückung, Manipulation und Verführungen aller Art besteht.

In Bertrand Russells (1872-1970) Sicht ist die Religion das schlimmste Hindernis für den Fortschritt. Sie ist ein exquisites Mittel der Volksverdummung; sie stellt sich überall der Geburtenkontrolle, der Aufklärung der Massen und der menschlichen Unabhängigkeit entgegen. (Rattner/Danzer 2002, S. 142)

Nicht weniger vehement war ihre frühe Revolte gegen den blinden Gehorsam. Sie empörte sich gegen die strengen Regeln und trotzte den schulischen Tadeln. Als Ventil für ihre kritisch-karikierende Meinung diente ihr die in der Schule produzierte Satirezeitung. Hier konnte sie persönlich gegen Normen vorgehen, eigene Grenzen taxieren und ein gerechteres Verhalten initiieren.

Die Entscheidung, sich als junge Frau Ende der 1920er-Jahre ganz der Kunst zuzuwenden, war einerseits eine Revolte gegen die herrschende Ordnung des männlich dominierten Kulturbetriebes, andererseits ein Affront gegen die traditionelle Kunstauffassung der de Beauvoirs.

In dem Interview, das in den *Souvenirs* (ihren Erinnerungen, DS) von 1987 zusammengefasst ist, betont Hélène, dass eine Frau ein Recht auf ein selbstbestimmtes Leben hat. Sie verwirklichte diesen Ausspruch verantwortlich. Mit der französischen Studentenbewegung von 1968 begehrte sie auf und unterstützte verschiedene Kampagnen.

Gesellschaftspolitisch tätig, trug sie ihre Kunstform in sozial benachteiligte Stadtviertel. Mit ihrer in gestalteter Kunst ausgedrückten Empörung klagte sie in Ausstellungen öffentlich an. Ihre tatkräftige Liebe zu den Mitmenschen schien bei ihr wie selbstverständlich und milderte das individuelle Sinnwidrige ab. Transzendieren und sich nicht dem Schmerz beugen, das war Hélène de Beauvoirs Haltung. Mit Optimismus und Hoffnung stellte sie sich bis zu ihrem Tod am 1. Juli 2001 unbeirrt den Lebensumständen.

Charlotte Salomon (1917-1943)

Gewalt und Unterdrückung bis hin zum Terror der Nationalsozialisten bestimmten Charlotte Salomons Leben. Bevor die Machthaber des Dritten Reiches sie relegieren konnten, verließ sie freiwillig das Gymnasium kurz vor Abschluss ihres Abiturs. In Berlin an den Vereinigten Staatsschulen für Freie und Angewandte Kunst als einzige Jüdin zugelassen, wurde ihr ein bereits zugesprochener Kunstpreis (1937) ihrer jüdischen Abstammung wegen verweigert und einer Klassenkameradin verliehen.

Sie sublimierte beängstigende Suizide im verwandtschaftlichen Umfeld durch ihr künstlerisches Tun. In der Abgeschiedenheit und Stille unter dem Azurblau des Südens entdeckte Charlotte durch das Malen den Vorteil persönlicher Freiheit. Sie überwand ihre depressiven Verstimmungen und Selbstmordgedanken. Durch ihr sinnvolles Tun spürte sie wieder Freude und phantasierte:

> Der Mensch sitzt am Meer. Er malt. Eine Melodie kommt ihm plötzlich in den Sinn. Indem er sie zu summen beginnt, bemerkt er, dass die Melodie genau auf das, was er zu Papier bringen will, passt. (Salomon 2017, S. 25)

Die Theorie des befreundeten Gesangspädagogen Alfred Wolfsohn (1886-1962), dass der Künstler nicht nur das Leben lieben, sondern auch den Tod kennen und die Angst vor diesem bewältigen müsse, hatte Charlotte überzeugt. Bei aller Bedrängnis entschied sie sich zu leben und wollte „etwas ganz Verrückt-Besonderes" dem Ganzen entgegensetzen. Als Künstlerin hinterließ sie mit ihrem Bilderzyklus *Leben? oder Theater?* ein bleibendes Werk.

Es spiegelt eine menschenunwürdige Zeit und ihr persönliches Umfeld wider. Mit Offenheit, Beobachtungsgabe und künstlerischer Intensität in Dichtung, Musik und Bildern gelang es ihr, dem Empörenden Ausdruck zu verleihen. Ihr Spiegel von menschlichen Freuden und Leiden in allen Facetten ihres Lebens ist die charakteristische Spannung der Revolte zwischen Ja und Nein, zwischen Individualität und Gemeinschaft, zwischen Wirklichkeit und Fiktion, zwischen Zeitgenossenschaft und Zeitgegnerschaft. „Das Ziel einer Kunst, das Ziel eines Lebens kann nur darin bestehen, die Summe von Freiheit und Verantwortung, die in jedem Menschen und in der Welt liegt, zu vergrößern." (Camus, zit. in: Danzer 1996, S. 277)

Charlotte setzte gegen die nihilistische Hässlichkeit von Krieg und Unterdrückung die Kunst des Schönen. Jeder, der ihr Werk aus seiner Perspektive, mit seinen Gefühlen und Erfahrungen des eigenen Lebens betrachtet, dürfte auch heute noch berührt sein.

Untröstlich bleibt für uns Nachgeborene, dass sie nach der Heirat im Juni 1943 mit Alexander Nagler (1904-1944) von den nationalsozialistischen Schergen ergriffen und in Auschwitz im Oktober des Jahres 1943 ermordet wurde. Obwohl schwanger, konnte sie von dem unmenschlichen System keine Gnade erwarten.

Das auf dem Buchumschlag abgebildete Bild von Charlotte Salomon „Der Mensch sitzt am Meer" hat Bedeutung für alle im Folgenden erzählten Frauenleben. Das Meer, der weite Blick über das unendliche Blau des Wassers bietet Raum für Erinnerungen und Sehnsüchte. Das Meer kann wie eine Einladung zum Träumen und Nachdenken wirken und zu einem Ort der Freiheit, der schöpferischen Inspiration und des Aufbruchs werden.

Die Schriftstellerin Elizabeth von Arnim

Monika Schoene

Frühe Kindheit in Australien

In Kirribilli, einem Vorort von Sydney, kam Mary Annette, genannt May, im August 1866 zur Welt. Sie war das jüngste von sechs Kindern des englischen Schiffskaufmanns Henry Herron Beauchamp (1825-1907) und seiner Frau Elizabeth, geb. Weiss Lassetter (1836-1919).

Mays Mutter, aus einem Baptisten-Pfarr-Haushalt stammend, war in Tasmanien aufgewachsen. Sobald sie dem direkten Einfluss ihrer Herkunftsfamilie entronnen war, entwickelte sie sich zu einer weltlich orientierten Frau. Sie galt als Schönheit, die gern ihren Kopf durchsetzt und die Aufmerksamkeit auf sich zu ziehen verstand.

Mays Vater war 1848 von England nach Australien ausgewandert und hatte dort ein ansehnliches Vermögen erworben. Er liebte es unterwegs zu sein und hielt seine Erlebnisse und Beobachtungen in Journalen fest. Seine Aufzeichnungen über Reisen, Familie und Alltagserlebnisse zeugen von scharfer Beobachtungsgabe, großer Belesenheit und sind mit Esprit geschrieben. Sie befinden sich unveröffentlicht im Familienarchiv der Urenkelin Sibylla Ritchie (1920-?).

Die Familie Beauchamp lebte in einem feudalen Wohnsitz mit Blick auf die Hafeneinfahrt von Sydney. In Mays Geburtsjahr veränderten sich allerdings die familiären Verhältnisse, es waren große finanzielle Verluste hinzunehmen. Der Vater vermerkte später: „... der Börsenkrach von 1866 hatte mich in Sydney voll erwischt, und ich war nahezu ruiniert ... Viel Geld verdient, sehr viel verloren, ein bisschen beiseitegelegt." (Beauchamp, zit. in: Jüngling/Roßbeck 1996, S. 12f.)

Übersiedelung nach England

Dies wird mit einer der Gründe gewesen sein, weshalb die Familie 1869 nach England übersiedelte. Während der fast viermonatigen Überfahrt auf einem Segelschiff musste die dreijährige May sich im Kreis der mitreisenden Kinder und Gouvernanten aufhalten, indes sich die Eltern gemeinsam mit den anderen Passagieren an Bord vergnügten. Die dabei auf die Kinder einströmenden Eindrücke, wie die Enge des Schiffsraumes oder die bedrohliche Meeresweite, sowie das Erlebnis einer Seebestattung, verunsicherten sie. Ihre Nöte und Ängste könnten sich in der vom Vater festgehaltenen Bemerkung von Mays ältestem Bruder Rally widerspiegeln: „Manchmal kommen die Schiffe ja wirklich zu Hause an, und vielleicht auch unseres." (Beauchamp, a.a.O., S. 15)

Mays Stellung in der Familie kommentierte ihre acht Jahre ältere Schwester Charlotte später als von den Eltern eher vernachlässigt, von den Geschwistern unterdrückt, gehänselt, bestenfalls ignoriert. Überwiegend wurde sie von Kindermädchen und Gouvernanten betreut, die weniger liebevoll, eher streng moralisch agierten. Sie musste die ausrangierten Kleider der Schwester oder ihrer Cousinen auftragen, auch wenn sie darin unvorteilhaft aussah. Den Aufzeichnungen des Vaters ist zu entnehmen, dass Mays Sprachentwicklung mit drei Jahren nicht altersgerecht war; sie hatte kindliche Artikulationsprobleme. Als jüngstes Kind in einer äußerst lebhaften Familie fühlte sich May häufig einsam und in ihren Ängsten und Hoffnungen sich selbst überlassen. Von den Geschwistern separiert, lebte sie häufig in einer eigenen phantasievollen Welt. Lebenslang sah sie in diesen Situationen die Wurzeln für ihr Talent zum Schreiben.

> Wenn May, während die Großen von der Gouvernante unterrichtet wurden, mit ihrem zuckerbestreuten Elf-Uhr-Butterbrot in den Garten ging, um die Gesellschaft von Löwenzahn und Gänseblümchen zu genießen, mag sie zwar für den Augenblick erleichtert, nicht aber völlig unbeschwert gewesen sein. (de Charms, zit. in: Jüngling/Roßbeck 1996, S. 18)

Besonders vergnüglich erlebte die kleine May die langen Spaziergänge mit dem Vater durch Gärten und Parks der Stadt London, denn sie konnte seine Aufmerksamkeit ungeteilt genießen. Wenn er der Mutter gegenüber ankündigte, allein aus dem Haus gehen zu wollen, reagierte diese – auch vor den Kindern – sehr ungehalten. Diese Beobachtung irritierte May als Kind sehr. Im Rückblick erinnert sie aber eher, dass sie eine fröhliche, liebenswerte Frau erlebt habe, die gern von Freunden und Bewunderern umgeben war.

Während eines mehrmonatigen Aufenthalts der Familie in der Schweiz erkrankte May an Scharlach. Auf eine Isolierstation verlegt, hatte sie, neben dem

Trennungserlebnis von der Familie, eine starke Gewichtszunahme zu verkraften. In die Familie zurückgekehrt, wurde sie deshalb von ihren Brüdern gnadenlos gehänselt. May war einerseits tief verletzt, andererseits aber dazu angespornt, ihr Normalgewicht schnell wieder zu erlangen, und schwor sich, niemals mehr im Leben übergewichtig werden zu wollen!

Wieder in London, bewältigte May ein umfangreiches Lernpensum. Latein, Französisch, Deutsch, Italienisch, Naturphilosophie, Geologie und Botanik gehörten ebenso zum Lehrplan wie das Spielen verschiedener Instrumente, Gesang, Rhetorik, Zeichnen und Tanzen. In Miss Summerhayes, der Leiterin der Queens College School, traf May auf eine befähigte Pädagogin, die ihre Freude am Lernen fördern und so ihr Vertrauen in ihre intellektuellen Fähigkeiten stärken konnte. Eine Schulfreundin, Miss Celena Joscelyne, schwärmte noch im hohen Alter davon, dass May 1883 in ihrer Abschlussprüfung die Leiterin mit ihrem Aufsatz in helle Begeisterung versetzt hatte. In den Tagebuchaufzeichnungen des Vaters findet sich, dass May in einer Geschichtsprüfung als beste unter allen Schülerinnen glänzte. An anderer Stelle beschrieb er seine Jüngste als aufgeweckt und fleißig. Nach Abschluss der Schulzeit intensivierte May ihre Musikstudien am Royal College of Music und erreichte das Niveau einer Konzertpianistin.

Begegnung mit Graf von Arnim-Schlagenthin

1889 unternahm der Vater mit May, sie dreiundzwanzigjährig und längst heiratsfähig, eine zu der Zeit in gehobenen Kreisen übliche „Grand Tour". Während dieser Reise begegnete sie in Rom, auf einer privaten Einladung, dem fünfzehn Jahre älteren Henning August Graf von Arnim-Schlagenthin. Der Graf begleitete sie von nun an zu allen Sehenswürdigkeiten, folgte ihr bis nach Florenz und imponierte nicht nur May, sondern auch ihrem Vater, durch seine Kunstkenntnisse und seine gehobenen gesellschaftlichen Kontakte.

Siebenundvierzig Jahre später greift May in ihrem autobiografischen Roman *All the Dogs of my Life* (1936, deutsche Übersetzung *Alle meine Hunde*, 1937) die Szene auf, in der Henning ihr – auf der Kuppel des Duomo in Florenz – einen Heiratsantrag machte, mit den Worten: „Alle Mädchen mögen die Liebe. Sie ist etwas sehr Angenehmes. Sie werden sie auch mögen. Sie werden mich heiraten, und dann werden Sie schon sehen." (v. Arnim 1993a, S. 24)

Danach habe er sie umarmt und ihr einen wertvollen Ring an den Finger gesteckt. Anfänglich, so erinnerte May, war sie sehr irritiert und skeptisch, aber schon bald fühlte sie sich aufgewertet. Sie beschreibt es so:

> Ebenso entzückt war ich von meiner plötzlichen Bedeutung in der Familie. Bis dahin war ich nur eine Null gewesen, und plötzlich jemand zu sein, während einiger Zeit sogar die Hauptperson, das war, wie ich zugeben muß, wirklich sehr angenehm.
>
> Von nun an wurde alles, was mir nur irgend Vergnügen machen oder von Nutzen sein konnte, sofort getan ... ‚Das Kind muß nach Bayreuth', verkündete mein Verlobter ... nachdem er entdeckt hatte, daß ich die Musik liebte; ... ‚Das Kind muß einen Hund haben', war die nächste Ankündigung, weil ich noch während unseres Aufenthaltes in Florenz auf der Straße ein lebhaftes Interesse für einen jungen Köter gezeigt hatte, und füglich bekam ich einen Hund, ein Geschenk meines Verlobten, und mein Vater mußte vortäuschen, daß er mir erlauben würde, ihn zu behalten. (v. Arnim 1993a, S. 25f.)

Ihr Selbstvertrauen stieg auch dadurch, dass Henning von Arnim unverzüglich darauf bestand, sie in seine gesellschaftlichen Kreise einzuführen. So arrangierte er zum Beispiel in Bayreuth für May die Möglichkeit, vor geladenem Publikum ein Klavierkonzert zu geben. Als sie im Anschluss daran davon erfuhr, dass Hennings wichtige Freundin Cosima Wagner (1837-1930) unter den Gästen war und sich über Mays Können begeistert geäußert hätte, habe sie dies sehr stolz gemacht.

Frühe Ehejahre

Im Februar 1891 heiratete das Paar in London und bezog im Anschluss an seine Hochzeitsreise über Paris die Stadtwohnung des Grafen in Berlin. May geriet augenblicklich in die Situation, die Rolle einer deutschen Gräfin ausfüllen zu müssen.

Die Konfrontation mit den gesellschaftlichen Traditionen und Gepflogenheiten der preußischen Etikette forderten ihr Umsicht, Kompromissbereitschaft und Standfestigkeit ab. Sie hatte einem Haushalt vorzustehen, Dienstboten anzuleiten und das in einer Sprache, die sie noch unzulänglich beherrschte. Hennings Rollenverständnis nach war es allein Mays Sache, den gesellschaftlichen Status derer von Arnim angemessen zu repräsentieren.

Erst allmählich gelang es May, die ihr aus England vertrauteren freiheitlicheren Spielräume für sich wieder zu entdecken und sich geschickt gegen zu viel Etikette zu wehren. Sie gestaltete für sich kleine „Fluchten“: Radelte allein durch das morgendliche Berlin und genoss es, dabei Bedrängendes hinter sich lassen und ihren Gedanken nachgehen zu können. Mit dieser von ihrem Ehemann scheinbar respektierten Aktivität erregte sie allerdings den Unmut der Damen der gehobenen Gesellschaft. Diese vertraten die Haltung, dass es einer Dame ihres Standes nicht gemäß wäre, sich ohne Begleitung in der Öffentlichkeit zu zeigen und das schon gar nicht auf einem Fahrrad. Von Fremdheitsgefühlen und Heimweh gequält, schrieb May an ihre Eltern, dass man sich nirgendwo auf der Welt einsamer fühlen würde als in Berlin.

Ebenso eindrücklich negativ erlebte May im Dezember 1891 die Geburt ihrer ersten Tochter. Von ihrem in England als Gynäkologen anerkannten Bruder Sydney Beauchamp (1861-1921) war sie über schmerzlindernde Geburtsmethoden informiert. Deshalb fühlte sie sich von den preußischen Ärzten in Angst und Schrecken versetzt, als diese ihr jegliche Geburtserleichterung verweigerten mit der Begründung: Dass eine Geburt für eine preußische Gräfin ein ganz natürlicher Vorgang sei, den sie einfach genießen solle. Auch von Hennings Haltung war sie enttäuscht, denn er hatte es ihr untersagt, das Kind in England zu gebären. Für ihn galt, dass ein möglicher Stammhalter auf preußischem Boden zur Welt kommen müsse.

Diese Umstände verbitterten May zusehends, vor allem, da sie innerhalb von drei Jahren die Geburten dreier Töchter zu bewältigen hatte. Eva Sophie Luise Anna Felicitas, genannt Evi (1891-1978), Elisabeth Irene, genannt Liebet (1893-1976), und Beatrix Edith, genannt Trix (1894-1987).

Gewisse Entlastung brachte ihr bereits zu dieser Zeit ihre Fähigkeit zu schreiben. Sie notierte fleißig ihre Beobachtungen und Gedanken und gab diese Jahre später zusammengefasst in dem Buch *The April Baby's Book of Tunes* 1900 heraus. Die deutsche Übersetzung erschien unter dem Titel *April, May und June* 1995.

1899, als wieder eine Niederkunft anstand, widersetzte sich May dem Willen ihres Mannes und gebar die vierte Tochter, Felicitas Joyce, genannt Queekie oder Martin (1899-1916), in England. Sie suchte Geborgenheit in ihrer Herkunftsfamilie und wollte sich der Geburtshilfe ihres Bruders anvertrauen.

Während dieses Englandaufenthalts lebte ihre Freude an Theaterbesuchen wieder auf. Mit ihrer Freundin Maud Ritchie (1872-1958) begeisterte sie sich für Sarah Bernhardt (1844-1923), die zu der Zeit in der Rolle von Alexandre Dumas' (1824-1895) *Kameliendame* das Publikum faszinierte. Über Maud Ritchie kam sie in Kontakt mit Maud Stanley (1833-1915), einer Pionierin in der Jugendarbeit und Aktivistin für Frauenfürsorge. In deren Salon wurden avantgardistische Gedanken offen und tolerant diskutiert. Diese Frau hatte sich nicht nur aufs Reden beschränkt, sondern sich um die Londoner Prostituierten gekümmert und versucht, ihnen Alternativen zu ihrer Tätigkeit zu eröffnen.

Durch den Austausch mit ihren englischen Freundinnen gestärkt, fasste May den Entschluss, in Zukunft ihren Ehemann mehr auf Abstand zu halten. Denn, wie sie spöttisch einmal äußerte, sie würde bereits schwanger, wenn Henning in ihrer Gegenwart nur niese. Nach den Geburten von vier Mädchen weigerte sie sich, diese Versuchskette, einen männlichen Erben zu bekommen, fortzuführen. Trotz Graf Hennings Vorwurf, die Bedeutung eines männlichen Nachkommen für eine so alte Familie nicht hoch genug einschätzen zu können, blieb sie ihm gegenüber unnachgiebig und riskierte damit eine Ehekrise.

Umzug auf das Gut Nassenheide

Dem Wunsch Mays nach einer räumlichen Veränderung war Graf Henning bereits 1896 nachgekommen. Die Familie war auf das pommersche Gut Nassenheide (heute Rzedzyni, MS) gezogen. Obwohl dieses ursprüngliche Frauenkloster ein verwahrloster, düsterer Bau war, sah May hier für sich die Chance, der erstickenden Atmosphäre der Gesellschaft in Berlin zu entkommen. Anfangs hielt sie sich dort allein mit den Kindern auf, da der Graf aus beruflichen Gründen in Berlin bleiben musste. Für sie bedeutete dieser neue Wohnort, vor allem durch den großen Garten, ein regelrechtes Paradies.

> Weiß Gott welcher Geruch ... meine Kindheit in Erinnerung rief und all die glücklichen Tage, die ich in einem Garten verlebt hatte. Werde ich diesen Tag jemals vergessen? Es war der Anfang meines wahren Lebens, sozusagen mein Mündigwerden. (v. Arnim 1990, S. 11)

Ihre Rolle als Gräfin wirkte sich auch hier eher hinderlich aus. Sie versuchte erfolglos, ihre Ideen für die Haus- und Gartengestaltung praktisch in die Tat umzusetzen, denn es galt der Kodex der Gesellschaft, der sie auf das Anordnen und Leiten des Personals reduzierte. Zur Untätigkeit gezwungen, fühlte sie sich häufig nutzlos und enttäuscht. In *Elizabeth und ihr Garten* beschreibt sie es wie folgt:

> Von ganzem Herzen wünsche ich mir, ich wäre ein Mann, denn ich würde mir natürlich als erstes einen Spaten kaufen und gärtnern ... alles mit eigener Hand zu tun, und bräuchte meine Zeit nicht damit zu vergeuden, jemandem zu erklären, was er machen soll. Es ist langweilig, Anordnungen zu geben. (v. Arnim 1990, S. 65)

Selbst ihre sinnvollen Bemühungen, den Landarbeitern die Zusammenhänge von Hygiene und Gesundheit nahezubringen und damit Erkrankungen vorbeugen zu können, scheiterten an deren einfältiger Ablehnung.

Einen Erfolg für sich sah May darin, dass auf ihr Drängen im Hauptgebäude des Anwesens, mitten in dem Wohnraum, eine große Büchersäule installiert wurde. Sie wünschte es sich, immer Zugang zu den Werken ihrer Vorbilder zu haben und nach Erkenntnissen und Anregungen u.a. bei Johann Wolfgang v. Goethe (1749-1832), den englischen Dichtern William Wordsworth (1770-1850) und John Keats (1795-1821) sowie dem amerikanischen Dichter und Philosophen Henry David Thoreau (1817-1862) suchen zu können.

Weg zur Schriftstellerin

Allmählich setzte sie sich auch über die heftigen Einwände des Personals hinweg und begann, ihren Garten nach ihren Plänen eigenhändig umzugestalten. Ihr Lernprozess dabei war zeitaufwändig und mühsam. Zum Ausgleich versuchte sie, sich täglich für einige Zeit in den Garten oder in ein altes Gewächshaus zurückzuziehen, um sich dort ins Lesen zu vertiefen oder selbst Geschichten zu schreiben.

Ihrem Ehemann las sie ihr erstes eigenes Manuskript einmal vor und er ermutigte sie, es zu veröffentlichen. Dies allerdings nur zeitgemäß – ihrem gesellschaftlichen Stand entsprechend – anonym. Der englische Verlag Macmillan gab ihr erstes Buch 1898 mit dem Titel *Elizabeth and her German Garden* heraus. Es erreichte bereits im ersten Jahr elf Auflagen. Die Übersetzung erschien 1987 in Deutschland mit dem Titel *Elizabeth und ihr Garten.*

In diesem Buch verarbeitete von Arnim ihre Erfahrungen bei der ausführlichen Neugestaltung eines vernachlässigten alten Gutshauses und seines völlig verwilderten Gartens. Erstaunlich geschickt, freimütig und diskret zugleich, mischte sie ihre Beobachtungen mit kritischen Ansichten über die zeitgenössische Gesellschaft in diese tagebuchartigen Aufzeichnungen. Alles, was sie zu ihrer deutschen Umwelt anmerkte, war stets von leiser, ironischer Distanz durchzogen. Ihren literarischen Äußerungen ist eine merkwürdige, nicht eben gewöhnliche Mischung von Standesbewusstsein, selbstverständlich hingenommenen Privilegien, Unmittelbarkeit, Frische und unabhängigem Verhalten zu entnehmen. Ihre eigenen Erfahrungen beschreibt sie u.a. dabei so:

> Die Leute in der Nachbarschaft halten mich natürlich, um es so freundlich wie möglich auszudrücken, für äußerst exzentrisch, denn es hat sich herumgesprochen, daß ich den Tag mit einem Buch im Freien verbringe und kein Sterblicher mich je hat nähen oder kochen sehen ... und alle Stickerei aus Modegründen ist eine Erfindung des Teufels, um die Törichten davon abzuhalten, sich der Weisheit zu widmen. (v. Arnim 1990, S. 9f.)

Sie lässt auch eine muntere Freundin der Hausherrin ziemlich Herausforderndes über Männer äußern. Als tollpatschige englische Studentin, die vorhat, ein Buch über typisch Deutsches zu schreiben, macht diese sich pausenlos Notizen. Von Arnim lässt sie dabei in alle nur denkbaren Fettnäpfe treten. Dem „Grimmigen", wie sie den Ehemann im Roman nennt, legt sie Aussagen über die Beschränktheit der Frau und die Richtigkeit der geltenden, sie in ihrer Bewegungsfreiheit hemmenden Gesetze in den Mund, die ihr persönlich hätten völlig gegen den Strich gehen und sie eigentlich aus dem Haus getrieben haben müssten.

Durch ihren ersten Erfolg angespornt, verfasste von Arnim weitere Romane. Die Titel enthielten vorerst nur einen Verweis auf die Autorin von *Elizabeth and her German Garden*. Später wandelte sie daraus ihren Künstlernamen Elizabeth von Arnim ab und führte diesen öffentlich wie privat.

Obwohl die Ehe der Arnims als konservativ anzusehen war, scheint der von Elizabeth im Roman als der „Grimmige" bezeichnete Graf nicht so arg gewesen zu sein. Immerhin hatte er ihr – nach ursprünglich vehementer Ablehnung – im Laufe der Jahre wiederholt die Freiheit eingeräumt, dort zu leben, wo und wie sie wollte – was von einem patriarchalischen Standesherrn nicht ohne weiteres zu erwarten war.

Sicherlich wichen beider Lebensvorstellungen in vielem voneinander ab und der eilige Kindersegen war eher nicht in Elizabeths Sinne. Ihr Verhältnis zu den Kindern war aber dennoch liebevoll und unkonventionell, sie ließ sie ziemlich wild oder – um es in einer Wendung der Zeit zu sagen – in Freiheit dressiert aufwachsen. Das hatte zur Folge, dass die Kinder kaum zu bändigen waren, wie die später selbst als Schriftsteller bekannten Hauslehrer Edward Morgan Forster (1879-1970) und Hugh Walpole (1884-1941) in ihren eigenen Aufzeichnungen berichteten.

Einen gravierenden Einschnitt erlebte Elizabeth, als ihr Ehemann unerwartet verhaftet wurde und im September 1899 kurzfristig ins Gefängnis kam. Die Vorwürfe gegen ihn, Verstöße gegen das Genossenschaftsgesetz und Bilanzfälschungen vorgenommen zu haben, konnten zwar später aufgehoben werden, dennoch verlief die Zeit bis Mitte 1900 für alle Familienmitglieder sehr belastend. Dies vor allem, weil Elizabeth sich auf verschiedenen Wegen sehr für Hennings Freilassung einsetzte und gleichzeitig versuchte, ihren Kindern weiterhin ein möglichst unbeschwertes Leben zu ermöglichen. Ihre Empfindungen und ihr Umgang mit diesen Erfahrungen lassen sich aus ihrem 1901 veröffentlichten Roman *The Benefactress* herauslesen. Unter dem Titel *Anna Estcourt* erfolgte die Veröffentlichung 1995 in Deutschland.

Die Sommermonate der Jahre 1897 und 1898 hatte die Familie auf der Insel Rügen verbracht. Am 24. Juni 1901 findet sich in Elizabeths Tagebuch die Notiz:

> Plötzlich ging mir auf, daß es eigentlich keinen Grund gibt, weshalb ich nicht nach Rügen fahren und dann über meine Erlebnisse ein Buch schreiben sollte. Erfüllt von dieser Idee, schrieb ich sofort an Oona [ihre Freundin Oona Butler, die sie im März in Oxford getroffen hatte, Anm. d. Verf.], um sie zu überreden, mitzukommen. (v. Arnim, zit. in: Jüngling/Roßbeck 1996, S. 104)

Am 17. Juli 1901 trat Elizabeth diese Reise nach Rügen an. Neben ihr saß nicht wie im Roman die schweigsame, ergebene Jungfer Gertrud in der Kutsche, sondern die Freundin aus England. Elizabeth verbrachte ihre Zeit mit ihren Reisenotizen und Oona widmete sich dem Zeichnen. Das Buch über diese Erfahrungen veröffentlichte von Arnim 1904 unter dem Titel *The Adventures of Elizabeth of Rügen*. Die deutsche Übersetzung *Elizabeth auf Rügen* erschien 1998.

Elizabeths Vater beschrieb die 34-jährige Tochter, während ihres Aufenthaltes in England, als bezaubernd. Ihr Selbstbewusstsein und ihre zunehmende Unabhängigkeit ständen ihr glänzend zu Gesicht. Sie sei eine faszinierende Mischung aus Täubchen und Schlange, wunderbar lebendig, voller Arbeitsfreude, zufrieden und heiter, Jahre jünger aussehend. Seiner Meinung nach habe ihre Freude am Schreiben und ihr Erfolg ebenso dazu beigetragen, wie der Umstand, als Autorin das Familieneinkommen erheblich aufbessern zu können (vgl. Usborne 1994, S. 151).

Diese Ausstrahlung mag möglicherweise zu einer erneuten Annäherung zwischen dem Ehepaar geführt haben. Umso größer war Elizabeths Entsetzen, als sie im März 1902 feststellte erneut schwanger geworden zu sein. Es entstand eine längere Schreibpause, für die sich später eine Begründung in ihrem Tagebuch finden ließ: „... da mir der Wind aus den Segeln genommen wurde von etwas, das sich schließlich, im Oktober als H.B. (Henning Bernd von Arnim, 1902-1968, MS) entpuppte."

Im August 1907 reiste Elizabeth mit Bekannten über mehrere Wochen per Pferd und einem Planwagen durch Südengland. Die Erlebnisse und ihre Erfahrungen verarbeitete sie später in dem Roman *The Caravaners* (1909). Die Übersetzung *Die Reisegesellschaft* wurde 1995 veröffentlicht. Darin gelang es ihr, einen preußischen Adligen als unbarmherzig und borniert zu skizzieren und den männlichen Chauvinismus während dieser unbequemen Camping-Tour immer wieder aufleuchten zu lassen. Die bislang untertänige Ehefrau des Ich-Erzählers ließ Elizabeth, sicher nicht zufällig, in England auf emanzipatorische Abwege geraten. Für sie blieb dieses Land lebenslang Leitkultur, nur durch ihre Heirat mit dem Grafen von Arnim war sie jählings in die steife Welt des deutschen Adels versetzt worden. In der Romanfigur des Baron Otto von Ottringel porträtierte sie vermeintlich auch Henning August von Arnim. Die negativen Zuschreibungen auf einen preußischen Adligen waren nicht nur für ihn verletzend, sondern zogen größere Kreise. Während des Ersten Weltkrieges wurde das Buch in Deutschland sogar verboten.

In dem Jahr 1907 begann Elizabeth, sich allmählich vom Ideal einer intakten Familie und dem Gut Nassenheide immer mehr zu lösen. Hennings schlechte finanzielle Lage und sein angegriffener Gesundheitszustand verstärkten diesen Prozess, es kam zur einvernehmlichen Trennung des Paares. Elizabeth übersiedelte 1909 mit ihren fünf Kindern nach England, während der Graf nach Bad Kissingen ging, in der Hoffnung, seine Krankheit dort auskurieren zu können. 1910 kam es zu einem letzten Wiedersehen, Elizabeth hatte ihn mit den Kindern noch einmal besucht. Kurz darauf verstarb Henning August Graf von Arnim im Alter von 59 Jahren.

Trauerjahr und Neubeginn

Als Witwe, jetzt Anfang 40 Jahre, begann Elizabeth von Arnim ihr Leben neu zu ordnen. Die kleine, attraktive Gräfin war umschwärmt und strahlender Mittelpunkt der literarischen Salons Londons. Mit intellektuellen und künstlerischen Größen ihrer Zeit stand sie auf vertrautem Fuß. Sie pflegte Kontakte zu dem Schriftsteller Herbert George Wells (1866-1946), dem Parodisten Max Beerbohm (1872-1956), dem Philosophen George Santayana (1863-1952), dem Dramatiker George Bernard Shaw (1856-1950), dem Erzähler Edward Morgan Forster, dem Schriftsteller Hugh Walpole und anderen.

Nach dem Ende des Trauerjahres überdachte sie ihre Lebenssituation mit der ihr eigenen Klarheit. Dass die Kinder in verschiedenen Internaten untergebracht waren, erlebte sie als entlastend und äußerte ihr Wohlgefallen an der neuen Lebenslage freimütig mit den Worten: „Witwen sind bewegliche Geschöpfe und können ihren Wohnort nach Belieben wechseln, was Ehefrauen nicht möglich ist.“ (v. Arnim 1993a, S. 70)

Geradezu berauscht von ihrer neuen Bewegungsfreiheit ließ sie 1912 ihr Chalet Soleil in den Walliser Alpen bauen, das zum Treffpunkt für die Familienmitglieder und die englische Literaturszene werden sollte. Dieses großzügig im Schweizer Stil gestaltete Anwesen beherbergte viele Gäste. Sie kamen mit und ohne Einladung, denn Elizabeth hatte den Ruf, sehr großzügig zu sein. Dies schürte bei einigen die Hoffnung, ihr Favorit und zum Dauergast werden zu können.

Bereits selbst im Ruf einer erfolgreichen Schriftstellerin genoss sie die Aufmerksamkeit ihrer Gäste und den Trubel in ihrem Haus. Ihre frühere Gewohnheit, sich zum Schreiben zurückzuziehen, behielt sie weiter bei, sie hatte vorsorglich dafür ein Miniatur-Chalet auf dem Grundstück erbauen lassen.

In der Nachbarschaft wohnte zeitweise ihre 22 Jahre jüngere Cousine, die Schriftstellerin Katherine Mansfield, geborene Beauchamp (1888-1923). Sie hoffte, in dieser Umgebung ihre Tuberkuloseerkrankung kurieren zu können. Es gab zwischen Elizabeth und Katherine Kontakte, wie auch zu deren Mann, dem Schriftsteller John Middleton Murry (1889-1957). Verschiedener Korrespondenz ist zu entnehmen, dass sich ihre Begegnungen nicht nur harmonisch gestalteten.

In ihrer Kurzgeschichte *Eine Tasse Tee* (1922) schrieb Katherine Mansfield ihrer Protagonistin stellvertretend Eigenschaften zu, die sie an Elizabeth störten. In der Geschichte geht es um eine verwöhnte Gesellschaftslöwin, die junge, vielversprechende Künstler und Schriftsteller bei sich aufnimmt und protegiert. Eine dieser jungen Frauen – vermeintlich Katherine Mansfield selbst – wird von ihr in Kälte und Regen aufgelesen, mit nach Hause genommen und mit einer Tasse Tee bewirtet. Als Gastgeberin verhält sie sich solange sehr interessiert und bemüht, bis ihr hinzukommender Ehemann äußert, dass er diese junge Frau entzückend fände. Daraufhin gerät sie in Affekt. Der launischen Eifersucht der Gönnerin wegen muss die junge Frau unverzüglich das Haus verlassen und wieder in die Kälte und den Regen hinaus. Mit der Zuschreibung, einerseits die Menschen zu verlocken, sie für sich einzunehmen, und andererseits launisch und eifersüchtig zu reagieren, könnte Mansfield bewusst Negatives über Elizabeth verbreitet haben wollen; vielleicht aus Neid auf ihre bereits erfolgreiche Cousine?

Zu den Besuchern im Chalet Soleil gehörte auch der Historiker, Soziologe und Pionier der Science-Fiction-Literatur (*Die Zeitmaschine*, 1895, *Krieg der Welten*, 1898) Herbert George Wells. Zwischen ihm und Elizabeth entwickelte sich über längere Zeit eine Liebesbeziehung. Obwohl er ihr lebhaftes Wesen, ihre schnelle Art zu denken und zu antworten ebenso schätzte wie ihren Charme, ließen sie ihr Miteinander einvernehmlich in „nur" freundschaftlichen Umgang übergehen.

Ehe mit John Francis Stanley Russell

1913 erschien das „Schicksal in Person" im Chalet Soleil: John Francis Stanley Russell, Earl of Amberley (1865-1931), der ältere Bruder des Mathematikers und Philosophen Bertrand Arthur William Russell (1872-1970). Angestrengt durch den Aufstieg stand er außer Atem vor Elizabeth. Sie beschrieb später, dass sie ihm gegenüber die gleiche Gefühlsintensität empfand wie bei der ersten Begegnung mit Henning August Graf von Arnim vor zwanzig Jahren in Italien. Obwohl Francis sich von vornherein besitzergreifend zeigte, fühlte sie sich bei ihm sicher und geborgen. Sie akzeptierte seine energisch lenkende Art und überließ ihm die Führung des Hausstandes. Er setzte sofort seine Vorstellungen um und verfolgte dabei das Prinzip, weder Widerspruch zu dulden noch darüber mit sich spaßen zu lassen. Elizabeths Töchtern Beatrix und Liebet gegenüber verhielt er sich häufig ungerecht, sie fühlten sich durch seine Bevormundung und Ungerechtigkeiten regelrecht aus dem Haus gegrault.

Für Elizabeth dagegen blieb Francis, obwohl noch mit Marion Cooke Somerville (genannt Molly, MS) verheiratet, unwiderstehlich. Sie erlebte ihn redegewandt, intelligent, jungenhaft, übermütig, vital und charmant, einfach umwerfend. Von seiner Strahlkraft, verbunden mit seiner nicht nachlassenden Werbung, geblendet, genoss sie die gemeinsame Zeit.

Die Warnungen einiger Freunde überhörend, ging Elizabeth mit Francis 1916 eine Ehe ein. Jetzt fünfzig Jahre alt, beschrieb sie das erste Jahr als Countess Russell als das glücklichste ihres Lebens. Dies änderte sich allerdings bald, denn Francis legte auch ihr gegenüber zunehmend wechselnde Verhaltensweisen an den Tag, deren Spielraum von schmeichelndem bis zu tyrannischem Verhalten reichte. Über längere Zeit versuchte Elizabeth sich seiner Lebensart anzupassen, um das vergangene „Glück“ mit ihm wieder neu zu beleben. Obwohl sie dabei soweit ging, sich ihm regelrecht zu unterziehen, gelang dies nicht mehr. Die Situation spitzte sich eher weiter zu. Elizabeth wurde immer verzweifelter, vor allem, nachdem sie von Francis‘ mehrfachen Seitensprüngen Kenntnis bekam.

Einige Hinweise auf die Sozialisation von Francis könnten dessen Verhaltensweisen etwas erhellen: Francis wurde mit elf Jahren und sein jüngerer Bruder Bertrand mit vier Jahren 1876 zu Vollwaisen. Die Großeltern väterlicherseits übernahmen ihre Erziehung. Großmutter, Lady Russell, war eine Puritanerin und strenge Christin, anders als die Jungen es von ihren freigeistigen, liberalen Eltern her kannten. Zwei Erziehungsstile trafen aufeinander: zunächst bei den Eltern extrem liberal, selbstbewusst, aber von kalter Arroganz. Im Haushalt der Großmutter dagegen das andere Extrem: Gefühle, Sex, Geburt, ja sogar Handel und Geld galten als Tabu. Mit Strenge wurden sie zur Selbstdisziplin, physischer wie auch psychischer Abhärtung angehalten.

Bertrand Russell entwickelte sich zu einem von Bertolt Brecht (1898-1956) als „Terrorist“ bezeichneten Mann, der die Waffe des unabhängigen Geistes führte. Sein Bruder Francis dagegen zu einem Neurotiker: Immer wieder auflebende Spielsucht, einhergehend mit hohen Schulden, Drogenkonsum, spekulative Transaktionen gehörten zu seiner Lebensführung. Als Ehemann sei er „einfach unmöglich“, so beschrieb ihn sein Intimfreund George Santayana und charakterisierte ihn als nachtragend, furchteinflößend, tyrannisch und weder ausreichende Geldmittel noch jede Art von Freizügigkeit gewährend. Sich selbst räumte er es ein, untreu zu sein, ohne zu bereuen. Dies alles vielleicht auf dem Hintergrund des für Francis gültigen „alternativen Systems", nach dem er Frauen als Erfüllung für verschiedene Zwecke begriff: Geliebte, Hausfrau, Gefährtin, Ehefrau und Gastgeberin zugleich zu sein, wobei es unwichtig für ihn war, ob diese Funktionen von einer oder von mehreren Frauen verkörpert wurden.

Unerträglich, wie Elizabeth ihre Situation zunehmend empfand, trennte sie sich von Russell. Wenigstens konnte sie es durchsetzen, dass ihr eingebrachtes Vermögen aus dem Trennungsverfahren herausgehalten wurde; dies, obwohl die zu der Zeit geltende Rechtsauffassung Francis begünstigt hätte. Auch alle von Francis eingeleiteten diffamierenden und langwierigen Gerichtsverfahren überstand sie erfolgreich. Er verstarb 1931 in Marseille.

Will man der 1920 niedergeschriebenen Einschätzung ihrer Cousine Katherine Mansfield Glauben schenken, dass Elizabeth „nur eine männliche Erscheinung will", körperlich mit einem Liebhaber gar nichts anfangen könne, „ich meine ... ins Bett gehen ... das kann sie nicht ertragen, davor hat sie Angst", dann ermangelte es der so Geschilderten zumindest unter Russells drängendem Werben an der ihr eigenen Selbstbeschränkung. Katherine Mansfields Begründung für diese Mutmaßung klingt überzeugend: „Allein ihr Leben, ihre Existenz, ihre Begabung, ihre Lebhaftigkeit, das alles macht sie davon abhängig, dass sie sich nicht hingibt." (Mansfield, Briefe, zit. in: Sullivan (Hrsg.) 1992, S. 226)

Die negativen Erfahrungen der Ehe mit Francis Russell fanden ungeschminkt ihren Ausdruck in Elizabeths Roman *Vera* (1921), der 1994 erstmalig in Deutschland veröffentlicht wurde. In der Figur des *Everard Wemyß* schilderte sie einen egozentrischen und tyrannischen Mann, der seine Ehefrauen bis an den Rand des Selbstmordes brachte. Sie konnte damit ihr eigenes erlittenes Dilemma verarbeiten und spürte dadurch eine gewisse Entlastung. Darüber hinaus war es für sie auch eine Genugtuung, dass für jeden in der gehobenen Gesellschaft Englands sichtbar wurde, dass die aufgezeigten Eigenschaften und Verhaltensweisen real Francis zuzuordnen waren.

Beziehung zu Alexander Stuart Frere-Reeves

Eine weitere tiefgreifende Beziehung ergab sich für Elizabeth. Ihr war ein Stellengesuch für die Semesterferien in der *Times* aufgefallen und sie hatte den Verfasser in ihr Chalet eingeladen. Der junge Alexander Stuart Frere-Reeves (1892-1984) – hochdekorierter Kriegsteilnehmer, jetzt Cambridge-Student und ambitionierter Mitherausgeber des *Granta-Magazins* – antwortete im Februar des Jahres 1920 wie folgt:

> Liebe Lady Russell, ich kann Ihnen gar nicht genug danken für das überaus großzügige Angebot in Ihrem eben erhaltenen Brief. Ein solches Angebot würde für mich in der Tat das Problem der Semesterferien lösen, und da ich Literatur liebe, würde ich mit Freuden mein bestes [sic!] tun, Ihnen so nützlich wie möglich zu sein – insbesondere beim Katalogisieren und Ordnen der Bücher. (Frere-Reeves, zit. in: de Charms 1958, S. 207)

Elizabeth, zeitlebens eine gepflegte Erscheinung, großen Wert auf modisches Äußeres legend und dadurch lange Zeit erheblich jünger wirkend, gewann den um 26 Jahre jüngeren Alexander Stuart Frere-Reeves bald für sich. Die beiden führten bis 1927 eine Liebesbeziehung und blieben auch nach ihrer Trennung freundschaftlich verbunden. Als Frere-Reeves eine jüngere Frau heiratete und mit ihr ein Kind bekam, übernahm Elizabeth dessen Patenschaft.

Ihre Erkenntnisse aus dieser Beziehung, die u.a. dazu geführt hatten, dass sie sich fast zwanghaft um ein jugendliches Aussehen bemühte, verarbeitete sie in ihrem Roman *Love* (1925), deutsche Veröffentlichung 1994 unter dem Titel *Liebe*. Sie thematisierte die Tragik eines Paares mit großem Altersunterschied und notierte in ihrem Tagebuch zur Haltung der Protagonistin: „Sie hätte es nicht tun sollen!"

Durch das Gefühl, von Frere bewundert und begehrt zu sein, erlebte sich Elizabeth im Oktober 1920 stabil und in der Lage, sich ihrer deutschen Vergangenheit zuzuwenden. Sie wollte in das – wie sie vermutete – negativ veränderte „Nachkriegsantlitz“ blicken. Dafür ging sie auf den Wunsch ihres amerikanischen Verlegers und Freundes Nelson Doubleday (1862-1934) ein, mit ihm die Schauplätze der Bestseller *Elizabeth und ihr Garten* und *April, May und June* zu besuchen. Sie reisten gemeinsam nach Pommern. Ihrer Tochter Elisabeth Irene, genannt Liebet, berichtete sie über diesen Besuch, dass die Angestellten auf dem Gut ausgesprochen saturiert ausgesehen hätten, die Felder gut in Schuss waren und während des Ersten Weltkrieges in den Wäldern kein einziger Baum gefällt worden sei. Alles habe einen blühenden Eindruck gemacht und positive Erinnerungen in ihr wachgerufen.

Aufenthalt in Italien

Wieder zurück in der Schweiz, empfand Elizabeth die Schneeschmelze als unerträglich. Um diese Zeit zu überbrücken, machte sie sich mit ihrer Freundin Maud Ritchie auf die Suche nach einem Ort in Italien. Sie fanden in der Nähe von Rapallo ein malerisches Castello. Mary Mallet, eine amüsante, wenn auch etwas redselige Geschichtenerzählerin und ehemalige Hofdame der Queen Victoria, gesellte sich zu ihnen.

Im Frühjahr 1921 begann Elizabeth mit der Niederschrift von *The Enchanted April* (1922). Die Übersetzung *Verzauberter April* wurde 1995 in Deutschland herausgegeben. Jede Seite, die mit dem Castello zu tun hat, kündet von der Heiterkeit und Schönheit des Ortes. Vier Frauen fassen darin den Entschluss, ihr ödes Leben in London und ihre lieblosen Ehemänner oder Liebhaber zu verlassen. Sie reisen gemeinsam für einen Monat nach Italien und verbringen die Zeit in dem schönen, mittelalterlichen, weinbewachsenen Schloss San Salvadore. Ganz gleich, welche wirklich existierenden Personen sich hinter den unerwartet entschlossen handelnden Protagonistinnen von *Verzauberter April* versteckten, alle, reale und fiktive Besucherinnen, erlebten am Ort des Geschehens eine wundersame Verwandlung oder zumindest Regeneration. Indem Elizabeth humorvoll die Dynamik zwischen den Frauen während dieser Zeit aufzeigt, regt das intensive Miteinander aller dazu an, ihr Denken und Handeln zu reflektieren, und es erschließen sich für jede von ihnen neue Möglichkeiten.

Das Buch förderte die Sache des Feminismus, denn nach seiner Veröffentlichung galt es nicht länger als empörend, wenn Frauen ihre Männer allein ließen und zusammen mit anderen Frauen reisten. Elizabeth selbst beschrieb das Buch in einem Brief an Frere als eine leise Flöte, die an einem leeren Nachmittag erklingt.

Anfang 1923 erhielt Elizabeth die traurige Nachricht, dass Katherine Mansfield am 9. Januar in Fontainebleau verstorben war. In einem ihrer letzten Briefe an Elizabeth hatte sie ihr Worte der Hochachtung für den im Herbst veröffentlichten Roman *Verzauberter April* mitgeteilt: „Es ist ein köstliches Buch; die einzige Person, die es noch geschrieben haben könnte, ist Mozart. Wie schaffst Du es, so etwas zu schreiben? Wie, wie?“ (Mansfield, zit. in: de Charms, S. 251)

Im Juni 1923 finden sich in Elizabeths Tagebuch folgende Notizen: 10. Juni: So anders als der letzte Sommer „... äußerst merkwürdige, trübselige Stimmung – lese Goethes (J.W. v., 1749-1832) und Bettinas [v. Arnim, MS] Briefe in englisch ...“ und am 17. Juni: „Lese Tschechow (A., 1860-1904) und beendete Dostojewskis (F., 1821-1881) Briefe.“ (v. Arnim, zit. in: Jüngling/Roßbeck 1996, S. 293)

Neben den intensiven Lesestudien bemühte sich Elizabeth erneut, durch Ortswechsel Ruhe zu finden. Sie kaufte sich ein kleines Haus, das *Le Mas des Roses* in Mougins bei Cannes. Hier wollte sie den harmonischen Zusammenklang von Licht und Wärme, Farbe und Duft des Südens genießen. Sie pflegte einerseits lebhaften Kontakt mit ihren Nachbarn, andererseits brauchte sie weiterhin auch den Rückzug. Wenn sie dann für sich allein war, fühlte sie sich häufiger depressiven Verstimmungen ausgesetzt. Der blaue Himmel vitalisierte sie jedoch immer wieder.

Die zunehmend schrecklichen Nachrichten aus und über Deutschland verstärkten ihre negative Gefühlslage erheblich. Elizabeth erkannte sehr deutlich, dass sich „ihr" Deutschland veränderte und damit Teile ihrer eigenen Identität als einstige deutsche Gräfin verloren gingen.

Besonders belastete es Elizabeth, dass der Mann ihrer Tochter Beatrix, Anton von Hirschberg, darauf bestand, mit der Familie in Deutschland zu bleiben. Elizabeth hatte sich bereits 1932 entschieden, das vom „Hitlerismus" regierte Land nicht mehr zu betreten. Es war ihr deshalb erst 1935 möglich, ihre Tochter Beatrix in der Schweiz wiederzusehen. In ihrem Tagebuch notierte sie, dass die Deutschen dabei seien, die Welt zu ruinieren, und im März 1938 schrieb sie an eine ihrer Töchter, dass, wenn der große Knall kommt, niemand würde sagen können, vor Adolf Hitler (1889-1945) nicht ausreichend gewarnt worden zu sein.

Emigration in die USA

Die politische Entwicklung in Deutschland – ihre Bücher waren hier mittlerweile verboten – veranlasste Elizabeth von Arnim, im Mai 1939 in die USA zu emigrieren. Durch einen erschütternden Brief ihrer Enkeltochter Sybilla von Hirschberg (1920-?) beunruhigt, fühlte sie sich in ihrer Sorge um Deutschland bestärkt. Die Enkelin hatte an sie die Bitte einer Adoption herangetragen, als Möglichkeit, das Nazi-Deutschland endlich verlassen zu können. Dies verhinderte Elizabeths Tochter Beatrix, mit der Begründung ihrer eigenen Kindheitserfahrungen. Sie bezweifelte, dass ihre Mutter in der Lage wäre, sich langfristig und beständig um Sybilla kümmern zu können. Elizabeth, die ihrer Enkeltochter ein freieres Leben ermöglichen wollte, war enttäuscht und fühlte sich verletzt.

Im August 1939 beendete Elizabeth, nach Jahren harter Arbeit, ihr Manuskript für das Buch *Mr. Skeffington*, das in Deutschland unter dem Titel *Die sieben Spiegel der Lady Frances* 1993 veröffentlicht wurde.

Es war ihr letztes Buch und ist der Beweis für die ungewöhnliche Biografie der Elizabeth von Arnim. Es ist auch die Bilanz ihrer Beziehungen zu den Männern. Sie begann es während ihres Aufenthaltes bei einer ihrer Töchter in Amerika und der Schwierigkeit, nach Europa zurückzukehren, da hier schon der Zweite Weltkrieg drohte. Ursprünglich hatte sie versucht, die Augen vor den Verbrechen verschließen zu können, die in Deutschland während des nationalsozialistischen Regimes begangen wurden. Durch ihre zunehmende tiefe Betroffenheit während des sich über Jahre hinziehenden Schreibprozesses, veränderte sie den Schluss des Buches immer wieder. Letztlich thematisierte sie die Gräueltaten der Nazis gegen jüdische Bürger. Sie ließ Hiob, den früheren Ehemann der Hauptfigur, in dem Roman über Wien als einen von den Nazis Gejagten und durch Blendung des Augenlichts zerstörten, erblindeten Mann nach England zurückkehren.

In diesem Roman *Die sieben Spiegel der Lady Frances* zeigt Elizabeth von Arnim u.a. den problematisch verlaufenden Alterungsprozess ihrer Protagonistin *Fanny* auf. Diese geriet, kurz vor ihrem 50. Geburtstag, nach einer Erkrankung mit für sie tiefgreifenden körperlichen und psychischen Veränderungen in eine Krise. Ihr Versuch, die äußerlichen, körperlichen Beeinträchtigungen kosmetisch kaschieren zu lassen – künstliche Locken und Gesichtskorrekturen waren damals bereits möglich, fast Mode –, gelang nur kläglich.

Darüber hinaus irritierte es sie, dass sie ihren Exmann immer wieder – scheinbar leibhaft – vor sich sah. Von ihm, *Mr. Skeffington*, einem sehr erfolgreichen Geschäftsmann, hatte *Fanny* sich vor 22 Jahren wegen seiner Seitensprünge scheiden lassen. Ob aus Schuldgefühlen oder aus noch vorhandenen Gefühlen für sie heraus, hatte er ihr sein ganzes Vermögen überschrieben und ihr damit über viele Jahre eine sorglose, luxuriöse Lebensführung ermöglicht.

Sie hatte ihre Freiheit genossen, amüsante, aufregende Dinge erlebt und war stets von Männern umgeben, die unbedingt ihre Liebhaber, möglichst ihre Ehemänner werden wollten.

Da sie *Hiob* (*Mr. Skeffington*, MS), der über die Jahre in ihrem Bewusstsein überhaupt nicht mehr existiert hatte, vom Zeitpunkt ihrer Erkrankung an vermeintlich sogar mit offenen Augen überall wahrnahm, suchte sie professionelle Hilfe auf.

Sich als „dringenden Fall" darstellend, besuchte sie unangemeldet die Praxis eines berühmten Spezialisten für Frauen- und Nervenleiden in London und setzte es durch, dass sie sofort vorgelassen wurde. Die abschließenden Worte des Psychiaters machten sie allerdings sprachlos. Er erklärte ihr – die ja bis vor kurzem für ihre Schönheit noch sehr bewundert wurde – geradeheraus, dass sie in ihrem Alter (er schätzte sie weit älter ein) viel schlafen müsse, um nicht Gefahr zu laufen, einer Vogelscheuche zu gleichen. Dass es mit der Liebe jetzt vorbei sei und sie dringend persönlichen Kontakt zu ihrem Exmann und allen „Verflossenen" aufnehmen solle; nur so würde sie wieder psychisch ins Lot kommen.

Fanny reagierte äußerst empört, denn so hatte noch nie ein Mann mit ihr gesprochen, und wies diesen Vorschlag erst einmal weit von sich. Nach und nach nahm sie dann aber doch zu den einzelnen „Ehemaligen" Kontakt auf. Bei den darauffolgenden Begegnungen mit den jeweiligen Männern zeigten diese – sie ursprünglich alle umschwärmend, ja heiraten wollend – sich von ihrem äußeren Zustand irritiert und verhielten sich reserviert.

In den Dialogen mit den Verflossenen wurde *Fanny* die Oberflächlichkeit der damaligen Bewunderung deutlich, dass alles hauptsächlich nur ihrer Schönheit und ihrem Vermögen galt. Schmerzlich lässt Elizabeth ihre Protagonistin erkennen, dass ihre bisherige Lebensführung für sie, aber auch für ihre Mitmenschen nicht zuträglich war. Sie lässt sie eine naive Haltung, Egoismus und Eitelkeit zeigen und Werte wie Interesse an anderen Menschen, Einfühlungsvermögen, Solidarität, gesunde Bescheidenheit und Fürsorge für sich und andere vermissen.

Der Grundtenor dieses Buches ist die Sehnsucht nach wahrhaftigen Gefühlen in menschlichen Beziehungen. Die Männer sind von einer jungen, schönen Frau begeistert und verzeihen ihr beinahe alles. Verblüht ihre äußere Schönheit, verlieren sie das Interesse. Aber auch die Geschlechtsgenossinnen stellte von Arnim neidisch auf *Fannys* Erfolg bei den Männern dar und sich ihr gegenüber unsolidarisch zeigend in dem plötzlichen Alterungsprozess. Die beginnende Suche nach ihrer verborgenen Identität sahen sie skeptisch.

Elizabeth thematisierte eindringlich das grausame Mitleid, das die ehemals so bezaubernd schöne *Lady Frances* erntete, als sie so plötzlich alterte. Sie entlarvte dabei auch die Lüge, Schönheit sei nur eine Frage des Aufwands von Kosmetikartikeln oder teuren Kleidern, und verwies darauf, dass es auf die inneren Werte ankomme.

Mit der Arbeit an diesem Roman, der sich zwar vordergründig leicht liest, aber voller Lebensklugheit steckt, hat Elizabeth selbst schwere Zeiten der Verzweiflung und Depression überstanden. Erleichtert, doch skeptisch geblieben, notierte sie in ihrem Tagebuch: „Es ist gut, aber niemand wird es lesen."

Für sie überraschend fielen die Rezensionen positiv aus. Kurz nach seinem Erscheinen wurde er in England zum Buch des Monats gekürt. *Die Times Literary Supplement* (heute noch bestehend, MS) begeisterte sich: „This is Elizabeth at her best." Und der damalige Kritikerpapst Vernon Fane schrieb über *Lady Frances*, dass nur eine weise, geistreiche und vollendete Künstlerin ein Thema wie Mitleid so mit einer Leichtigkeit bearbeiten konnte, die nichts Oberflächliches mehr hätte.

Auch heute noch – 80 Jahre später – würde Elizabeths Sicht bestätigt, denn die Geschichte einer Frau, die am Mythos Schönheit scheitert und mit dem Älterwerden nicht zurechtkommt, ist noch aktueller geworden. Frauen in den westlichen Ländern haben nicht mehr nur die Doppelbelastung Familie und Beruf zu tragen. Wenn sie wirklich erfolgreich sein wollen, müssen sie zusätzlich gepflegt und attraktiv aussehen. Sie kaufen Kleider und Cremes, hungern, treiben Sport bis zur Erschöpfung und einige lassen sich sogar – wie Elizabeth es bereits damals tat – liften.

Dieser Roman zeigt auch Elizabeths eigene Schwierigkeiten im Umgang mit dem Älterwerden. Sie schreibt, dass man so sehr daran gewöhnt sei, jung zu sein, dass es einem auf Dauer als selbstverständlich gelte. Auch lässt sie in diesem Roman bei der Begegnung *Fannys* mit einer alten Dame deren Gedanken wie folgt einfließen:

> Man kann es einem hübschen Mädchen verzeihen, daß es hübsch ist ..., weil es nichts dafür kann. Aber eine ältere Frau ist sehr zu tadeln, wenn sie durch Mittel, deren sie sich schämen sollte, erreichen will, mehr oder weniger gut auszusehen. (v. Arnim, 1993b, S. 49)

Würdigung

Während ihrer letzten Lebensjahre könnte Elizabeth von Arnim einer Figur des amerikanischen Künstlers Edward Hopper (1882-1967) – dem Maler von Isolation und Verlassenheit – entsprechen. Als kleine, zierliche Gestalt saß sie häufig vereinsamt in amerikanischen Hotelhallen und ließ sich von unpersönlichen Kellnern bedienen. Die Spuren ihrer kosmetischen Gesichtsoperationen verdeckte sie unter künstlichen Locken und einem riesigen Hut. Mit ihrem fast weiß gepuderten Gesicht, in sich versunken, wirkte sie wie heimatlos.

Dennoch war Elizabeth von Arnim in der Lage – vielen Widrigkeiten zum Trotz – freudige wie bedrückende Seiten ihres Lebens im Großen wie im Kleinen differenziert wahrzunehmen und humorvoll an eine große Leserschaft weiterzugeben.

War das Schreiben für sie anfangs anregendes Hobby und eine Flucht vor den Anforderungen des Haushalts und der Familie, so wurde es später zur ökonomischen Notwendigkeit, ja Therapie gegen Schicksalsschläge, Trost bei Einsamkeit und im Alter zunehmend die Möglichkeit, Lebensbilanz zu ziehen.

Ihre Bücher vermitteln Heiterkeit, aber mit Tiefgang. Sie geben Einblicke in gesellschaftliche Konstellationen zur Zeit ihrer Entstehung, enthalten in versteckter oder offener Form viele persönliche Schlüsselerlebnisse, porträtieren Freunde und Feinde, sie zeichnen wichtige Stationen ihres Lebens nach. Obwohl Elizabeth die Inhalte zeitlich in ihrer Gegenwart ansiedelte, sind sie ebenso Dichtung wie (autobiografische) Wahrheit.

Selbst wenn ihre Schilderungen manchmal nicht ganz die Realität treffen, spiegeln sie gekonnt die mit spitzem Stift gezeichneten Charaktere quasi wie Karikaturen wider. Beim Leser rufen sie entweder amüsiertes Verständnis hervor oder bestätigen Vorurteile oder werden als Überzeichnungen akzeptiert, die auch abgetan werden können. Auf jeden Fall geben sie reichlich Raum für Rückschlüsse auf das Leben und die Gefühlswelt der Autorin einerseits, regen andererseits aber auch heute noch zur Selbstreflexion und Lösungssuche an.

Mary Annette (Elizabeth) Countess Russell, verwitwete von Arnim, geborene Beauchamp verstarb am 09. Februar 1941 in Charleston S.C., USA. Ihre Urne wurde 1947 nach England überführt und auf dem Friedhof Tylers Green, bei Penn, Buckinghamshire (etwa eine Autostunde von London entfernt, MS) beigesetzt.

Bei den Lesern wächst das Interesse an ihren Büchern zunehmend. In der Forschung hat Elizabeth ihren Platz u.a. in der *Elizabeth von Arnim Society*, die am 13. September 2015 auf der ersten Elizabeth von Arnim-Konferenz am *Lucy Cavendish College* in Cambridge, England, gegründet wurde. Diese Gesellschaft setzt sich dafür ein, die wissenschaftliche Arbeit an von Arnim zu fördern, veranstaltet jährlich Konferenzen und bietet Wissenschaftlern aus aller Welt die Gelegenheit sich auszutauschen. Die letzte Konferenz wurde am 2. und 3. Juli 2019 unter dem Titel „Elizabeth von Arnim – Identities" an der Universität von Toulon abgehalten.

Franziska Gräfin zu Reventlow – „Ich lebe nur, wenn ich erotisch lebe"

Vor jedem steht ein Bild des, was er werden soll:
Solang er das nicht ist, ist nicht sein Friede voll.
F. Rückert, 1788-1866

Margarete Eisner

Ihre Lebensdaten sind die des Deutschen Kaiserreiches. Sie lebte von 1871 bis 1918. In ihrem kurzen Leben legte die Gräfin Franziska zu Reventlow einen weiten Weg zurück und bewies Mut, Tapferkeit und Leidensbereitschaft für ein Leben jenseits von Rollenerwartungen und adligen Standesgrenzen. Mit 30 Jahren verfasste sie eine romanhafte Autobiografie. Sie ist ihr erstes größeres Werk und erschien 1903 unter dem Titel *Ellen Olestjerne,* so nannte Reventlow hier ihre Protagonistin. Als der junge, damals noch unbekannte Rainer Maria Rilke (1875-1926) dieses Buch las, meinte er, es werde hier eines jener Leben beschrieben, die erzählt werden müssen, weil sie gerade für junge Menschen lehrreich seien. Das Buch beginnt mit der Beschreibung des Schlosses, auf dem Ellen geboren wurde:

„Schloss Nevershuus lag grau und schwerfällig unter hohen Bäumen mit seinen breiten Seitenflügeln und dem viereckigen Turm, der kaum das Dach überragte ... und drüben in der Ferne das Meer blau und schimmernd ..." (Bd. 1, S. 13)

Reventlow selbst wurde im Schloss vor Husum geboren. Die Stadt Husum, das Schloss und das Meer werden für sie lebenslang Sehnsuchtsorte bleiben und Chiffren für eine heimatliche Geborgenheit, die sie in ihrer Kindheit unter den Menschen vermisste und vielleicht in der Kunst und im Schreiben fand. Beide Eltern entstammten alten norddeutschen Adelsgeschlechtern. Die kleine Comtesse erhielt, wie damals in Adelskreisen üblich, die Vornamen zahlreicher bedeutsamer Verwandter: Fanny, Sophie, Auguste, Liane, Adrienne, Wilhelmine. Ob sie dem Namen Franziska statt Fanny in späteren Jahren den Vorzug gab, bleibt umstritten. Meist unterzeichnete sie nur mit „F.". Franziska könnte als eine Art

„Künstlername" mit dem Beginn ihres Schreibens gesehen werden. Rilke nannte sie Francesca und auf ihren Grabstein in Locarno ließ ihr Sohn *Contessa Francesca Reventlow* schreiben.

Herkunft oder „muss ich mein Selbst nicht retten?"

Die Vorfahren des Vaters Ludwig Graf zu Reventlow (1824-1893) hatten noch am dänischen Königshof gedient, weil damals Schleswig-Holstein zu Dänemark gehörte. Erst 1867 wurde es preußische Provinz. Der Vater, schrieb Reventlow, „hatte keine preußische Mentalität, er war ein intelligenter und kultivierter Mann mit unabhängigem und kritischem Verstand" (Kargl/Fromm 2018, S. 12). Er hatte Rechtswissenschaft studiert und war seit 1868 in Husum als Königlich Preußischer Landrat tätig. Die Familie wohnte im Husumer Schloss in einer Amtswohnung. Das Amt befriedigte den Vater nicht. Theodor Storm (1817-1888), der zur gleichen Zeit in Husum Amtsrichter war, nannte ihn einen Menschen, „der schroff, brunnentief und von bedeutendem Geist und Wissen" sei. (Egbringhoff 2000, S. 15)

Unmittelbar entscheidender für Reventlows Kindheit scheint die konfliktreiche Beziehung zur Mutter gewesen zu sein. In einem Gedicht (1895), noch angelehnt an Theodor Storm, schrieb Reventlow:

> Wandle ich einsam über die Heide ...
> Da erwachen in mir der Kindheit Tage,
> ich denke der einsamen, freudlosen Zeit.
> Aufs neue erwacht im Herzen die Klage,
> des einsamen Kindes einsames Leid. ... (Bd. 5, S. 41)

Die Mutter Emilie zu Reventlow (1834-1905) war eine geborene Gräfin zu Rantzau. In Reventlows autobiografischem Roman heißt es von ihr, sie war eine

> ... schöne, stattliche Frau mit raschen, dunklen Augen und eiserner Tatkraft. ... dabei hatte sie nichts Leichtes in ihrer Art, das Leben zu nehmen, es türmte sich alles vor ihr auf wie ein Berg ... – die Wirtschaft, der große Haushalt, die Kinder, tausend Dinge, die ... ihr beständig im Kopf herumgingen. (Bd. 1, S. 13)

Das Wort „Sorge" habe stets über ihrem Leben gestanden. Die Familien Reventlow und Storm pflegten regen freundschaftlich-geselligen Austausch, so dass Reventlow schon als Kind Lesungen in beiden Häusern erlebte. Mit Storm teilte Reventlow neben der Liebe zur Literatur auch die Areligiosität und die lebenslange Sehnsucht nach Husum, dieser „grauen Stadt am Meer" (Storm). Darüber hinaus wohnte Ferdinand Tönnies (1855-1936), später bekannter Soziologe und Philosoph, zeitweise auf dem Schlossgelände. Bei ihren morgendlichen Gängen mit den Hunden traf Reventlow ihn gelegentlich und sprach mit ihm „über den Wall hinüber" (Bd. 4, S. 15ff., 38) von Henrik Ibsen (1828-1906). Sie habe auf ihren Spaziergängen immer ein Buch mit dessen Dramen dabeigehabt.

Reventlow wuchs mit vier Brüdern und einer Schwester auf. Sie war das fünfte Kind, drei Jahre nach ihr wurde noch der Bruder Karl (1874-1961) geboren. Das erste Kind der Familie war ebenfalls ein Mädchen, Agnes (1861-1947), sie war bei Reventlows Geburt zehn Jahre alt. Während jedoch Agnes von früh an die Erwartungen der Eltern an weibliche Sozialisation erfüllte und der Mutter bei der Versorgung des großen Haushaltes half, schloss sich Franziska in der Kindheit eng an ihre Brüder an und genoss mit ihnen die phantasievollen Spiele im großen Schlossgebäude und draußen im Schlosspark, tauchte ein in ein „Kindersommersonntagnachmittagsgefühl" (Bd. 4, S. 62). Sie ersehnte nichts inständiger, als ebenfalls ein Junge zu sein, da es ständig hieß, sie solle nicht so wild sein, sie dürfe nicht auf Bäume klettern, und immer sei sie für ihre zerrissenen oder beschmutzten Kleidchen getadelt worden. In ihrem autobiografischen Roman schrieb sie, dass „Mama und Prügel kriegen so ziemlich die ersten Begriffe waren, die ihr Bewusstsein zu fassen vermochte und die für sie in eins zusammenfielen", und das kleine Mädchen sei zu dem Schluss gekommen, alles läge nur daran, „dass sie ein Mädchen war" (Bd. 1, S. 16).

Als einschneidendes Ereignis erlebte Reventlow mit sieben Jahren den Tod ihres ältesten Bruders Theodor (1862-1878). Die Kinder wurden an sein Totenbett geführt, und ihrem Schmerz darüber gab Reventlow in *Ellen Olestjerne* breiten Raum. Reventlows Privatunterricht, der bisher bei der Mutter lag, übernahmen fortan Gouvernanten. Da es jedoch auch mit diesen Konflikte gab, wurde sie mit 15 Jahren zur weiteren Ausbildung im Stift Altenburg angemeldet, in der Hoffnung, dass ausgebildete Pädagogen mit dem ungestümen Temperament der Tochter besser umgehen könnten.

Stift Altenburg

Das Magdalenenstift in Altenburg, nahe Dresden gelegen, bot seit 1705 Töchtern aus adligen protestantischen Familien die Möglichkeit von Erziehung und Bildung. Neben den allgemeinbildenden Fächern wurde Wert auf die Erlernung der französischen und englischen Sprache gelegt, ferner auf Schönschreiben, Zeichnen und Malen sowie auf Musik, Gesang und Tanz. Es ist zu vermuten, dass die gute Allgemeinbildung von Reventlow sowie ihre exzellenten Sprachkenntnisse hier ihre Wurzeln haben. Das Stift leitete eine adlige Pröbstin. Trotz der quälenden Konflikte zu Hause erlebte Reventlow den Aufenthalt in diesem Stift als Bestrafung: „Man ist eingesperrt wie im Zuchthaus und kommt gar nicht heraus, außer bei dem langweiligen Spaziergang, wo man in Reih und Glied geht und vor jedem Hofwagen knicksen muss." (Bd. 1, S. 39) Sie litt an Heimweh nach den Geschwistern und nach Husum. Eines ihrer dort geschriebenen Gedichte hat den Titel *Sehnsucht nach der Heimat*: „... Du altes Schloss im Kranz der Ulmenbäume / Wo ich genoß die sel'gen Jugendträume ..." (Katalog S. 43) Die Stiftsvorsteherin erlebte Reventlow ähnlich hart und unerbittlich wie die Mutter. Hinzu kamen strenge, oft ungerechte und nicht nachzuvollziehende Regeln, Verbote und Strafen, die sie nur tiefer in die Rebellion hineintrieben, wie z.B. die Kontrolle der ein- und ausgehenden Briefe. In *Ellen Olestjerne* heißt es, die Protagonistin habe in die Tür ihres Kleiderschrankes die Worte geritzt: „Ich habe nie das Knie gebogen – den stolzen Nacken nie gebeugt." (Bd. 1, S. 46) Nach einem knappen Jahr wurde sie des Stifts verwiesen und kehrte nach Hause zurück. Dort entstand als erste erhaltene Schrift eine Skizze über ihre Zeit in Altenburg. Dieser frühe Text weist schon auf ihre genaue Selbstwahrnehmung und ihr sensibles Gewissen hin sowie auf ihr Bedürfnis, Erlebtes aufzuschreiben und beim Schreiben zu gestalten. Ferner schrieb sie weiter Gedichte und begann mit einem Tagebuch, das jedoch nicht erhalten ist. Auch entwickelte sie den brennenden Wunsch nach mehr Ausbildung, insbesondere nach Malunterricht. Da dies zu weiteren Konflikten mit der Mutter führte, wurde sie zu Verwandten auf norddeutsche Landgüter geschickt. Bei diesen fand sie erstmalig Wertschätzung ihrer künstlerischen Wünsche, und sie erhielt Malunterricht.

Jugendjahre in Lübeck oder „Ich verdanke Ibsen sehr viel"

1889 ließ sich der Vater pensionieren, und die Familie zog aus Husum fort nach Lübeck. Es sei sein Wunsch gewesen, wieder in einer größeren Stadt zu leben: „Hier (in Husum, ME) versimpelt ihr auf die Länge, seht nichts von der Welt, wißt nichts von der Welt." (Bd. 1, S. 56) Lübeck war seit 1871 ein Freistaat des Deutschen Reiches und hatte zusammen mit seinem Umland ungefähr 66 000 Einwohner, Husum dagegen nur um die 5000 (Katalog S. 17). Der Vater hielt Abstand zu gesellschaftlichen Verpflichtungen, widmete sich seinem Hobby, der Jagd auf den Familiengütern, und einem länger schon geplanten Forschungsvorhaben: der Geschichte der Reventlows (Katalog S. 50). Die Familie machte in Lübeck regen Gebrauch des Theaters.

Während Graf Reventlow gesetzlich verpflichtet war, seine Söhne ausbilden zu lassen, hatten Töchter nach dem Allgemeinen Preußischen Landrecht Ende des 19. Jahrhunderts keinen Anspruch auf eine höhere Schul- bzw. Berufsausbildung. Töchter blieben in der Regel bis zur Verheiratung im Haus und unterstanden bis dahin der väterlichen Aufsicht. Nachdem sich die Familie Reventlows inständigem Drängen, Malerin werden zu dürfen, widersetzt hatte, rang sie dem Vater schließlich die Erlaubnis ab, ein Lehrerinnenseminar besuchen zu dürfen. Dort legte sie das Examen schon nach eineinhalb Jahren statt der vorgesehenen zwei Jahre ab, um möglichst bald einem Leben in mehr Freiheit und Selbstbestimmung näherzukommen und eine Ausbildung als Malerin, ihren Herzenswunsch, selbst bezahlen zu können. Im April des Jahres 1892 erhielt sie die „Befähigung für den Unterricht an mittleren und höheren Mädchenschulen".

Großen Halt für ihre Wünsche an ein selbstbestimmtes Leben hatte Reventlow schon in Husum in den Schauspielen von Henrik Ibsen gefunden, sie schrieb: „Ich verdanke Ibsen sehr viel, seine Ideen und seine Menschen sind begeisternd und man hat so das Gefühl, als ob er einem klar sagt, was man unklar gefühlt hat" (Bd. 4, S. 14), so Ibsens Überzeugung, dass man „zur wahren Sittlichkeit" nicht durch „moralischen Zwang" gelange, sondern „durch Freiheit" (Bd. 4, S. 52). Auch in *Ellen Olestjerne* rühmte sie Ibsen:

> Früher empfand ich es immer als eine Art Unrecht gegen meine Eltern, mich so dagegen aufzulehnen und heimliche Sachen zu tun, aber nun ging es mir plötzlich auf, daß jeder ein unveräußerliches Recht an sein Ich und sein eigenes Leben hat. (Bd. 1, S. 58)

Durch ihren jüngeren Bruder Karl bekam sie in Lübeck Zugang zu einem Kreis von Jugendlichen, in dem man sich gemeinsam für Ibsen und weitere zeitgenössische Literatur interessierte. Man traf sich heimlich, ohne Wissen der Erwachsenen. Dies galt umso mehr für Reventlow als Mädchen. Man las neben H. Ibsen die großen Russen wie F. Dostojewski (1821-1881), L. Tolstoj (1828-1910) und I. Turgenjew (1818-1883), französische Literatur wie E. Zola (1840-1902), selbstverständlich im Original, Dramatiker wie Gerhart Hauptmann (1862-1946) und vor allem F. Nietzsches (1844-1900) *Zarathustra*. Reventlows enthusiastische Beschreibung von Nietzsches befreiender Wirkung endet mit den Worten:

> ... das wahre, heilige, große Leben leuchtete, lachte und tanzte ... die alte morsche Welt mit ihrer Gesellschaft und ihrem Christentum fiel in Trümmer, und die neue Welt, das waren sie selbst mit ihrer Jugend, ihrer Kraft, mit allem, was sie schaffen und ausrichten wollten. (Bd. 1, S. 73)

Reventlow las darüber hinaus z.B. A. Bebels (1840-1913) *Die Frau und der Sozialismus*, F. Lassalle (1825-1864) und den Dänen Jens Jacobsen (1847-1885). Im Ibsenclub lernte sie im Frühling 1890 Emanuel Fehling (1873-1932) kennen und verliebte sich in ihn. Er stammte aus einer angesehenen Lübecker Patrizierfamilie. Diese innige, platonische Freundschaft währte etwa eineinhalb Jahre (von März 1890 bis Oktober 1891). In dieser Zeit schrieb sie ihm beinahe täglich lange Briefe, es sind fast 300 (!) Druckseiten überliefert. Das Verfassen dieser Briefe sowie ihre Zustellung mussten in aller Heimlichkeit geschehen. Oft schrieb Reventlow nachts an Fehling. Darüber hinaus trafen sie sich häufig und wählten als Ort die Lübecker Marienkirche, die „treue Hehlerin unserer Sünden" (Bd. 4, S. 26). In ihrem zweiten Brief an Fehling heißt es:

> Vielleicht finden Sie, dass ich im persönlichen Verkehr steif bin, es scheint mir oft selbst, als wenn ich gegen Sie schriftlich viel ungezwungener bin wie mündlich, das liegt eben daran, dass es mir so ungewohnt ist, meine innersten Gedanken auszusprechen, ich habe das Zeug mein Leben lang immer in mich selbst zurückdrängen müssen, weil ich niemandem genug traute; und ich kann nie das herausbringen, was ich meine und sagen möchte, wenigstens nicht so warm, wie ich es im Herzen fühle, aber es ist ein seliges Gefühl von Befreiung, sich endlich einmal frei und ganz gegen jemanden aussprechen zu können. (Bd. 4, S. 8)

Hier noch einige weitere Zitate aus diesen überaus gedankenreichen, lebendigen Briefen an den Jugendgeliebten:

> Ich habe nie viel vom Verkehr mit jungen Mädchen gehabt, weil die meisten eben in dieser Unselbständigkeit befangen sind und überhaupt keine Individualität besitzen; ich habe ungefähr 20 ‚Freundinnen', aber es wäre mir unmöglich, einer von ihnen nur halb so viel zu sagen, wie Ihnen. Der Austausch unter Freundinnen im allgemeinen besteht nur aus Geschichten von Leutnants, Liebe etc. Ich kann Ihnen nicht sagen, wie mich das elendet. Der Gedanke, Lehrerin zu werden und andere Gedanken in die Jugend zu bringen, hat etwas ungemein Anziehendes. (Bd. 4, S. 7)

> Sie machen sich gar keinen Begriff, wie mit solch unglücklichen Backfischen zu Hause und in Pensionen verfahren wird, ihnen werden die unnötigsten, uninteressantesten Kenntnisse eingetrichtert, furchtbar viel Religion, Grammatik, Handarbeiten und Klavier. Sie sollen gewaltsam in eine Schablone gepresst werden; was dabei herauskommt ... ungebildete, bleichsüchtige, spitzenklöppelnde, interesselose Geschöpfe ... die ihrem

> Mann unmöglich etwas sein können ... im besten Falle eine Wohnstubendekoration oder ein brauchbares Haustier. (Bd. 4, S. 27f., S. 23)

Sie dagegen wusste, dass sie ein derart eingeschränktes, beschnittenes Leben nicht wollte, und schrieb: „Muß ich mich nicht freimachen, muß ich mein Selbst nicht retten." (Bd. 4, S. 147) Fehling konnte sie auch anvertrauen, dass sie:

> ... in den ersten Jahren der Reife ... Namenloses gelitten habe unter sinnlichen Beängstigungen und Aufregungen, wovon kein Mensch je etwas geahnt hat. Es hieß immer, ich sei schlechter Laune und reizbar, aber es hat sich kein Mensch um die Veranlassung, die doch so nahe lag, gekümmert, und ich habe mich endlos gequält, weil ich ... nicht wissen durfte, was natürlich ist. (Bd. 4, S. 158)

Nach Abschluss seiner Gymnasialzeit ging Emanuel Fehling im Herbst 1891 zum Militär, und die Beziehung kühlte sich ab. Ihren Abschiedsschmerz gestaltete Reventlow in der kurzen Skizze *Eine Uniform*: Ein Mädchen sieht „seine" Uniform auf einem Sofa liegen und küsst sie weinend. „Und er wußte nichts davon." Diese kleine Erzählung wurde am 7.1.1893 in den *Husumer Nachrichten* gedruckt. Es scheint ihre allererste Veröffentlichung zu sein, unterzeichnet mit F.R.

Reventlow schloss sich enger an Karl Schorer (1866-1936) an, ebenfalls Mitglied des Ibsenkreises. Als ihre Eltern zufällig einen Brief an ihn in einem Lexikon fanden, erbrachen sie ihren Schreibtisch und entdeckten weitere nicht erlaubte Korrespondenz. „Wie einen sibirischen Sträfling" (Bd. 1, S. 88) habe man sie in ein Pfarrhaus nach Adelby nahe Flensburg geschickt, wo sie unter Aufsicht „Moral und Haushalt" (Bd. 1, S. 87) lernen sollte. Man hatte sogar überlegt, sie als „tobsüchtig" entmündigen zu lassen (Egbringhoff 2000, S. 38). Von dort schrieb sie 22-jährig, inzwischen volljährig, im Frühjahr 1893 an den Vater einen Brief mit der Bitte, sie ihren Weg gehen zu lassen. Sie wolle sich eine Stelle als Lehrerin suchen.

Der Vater scheint sich eine Antwort nicht leicht gemacht zu haben, lehnte aber schließlich ihre Bitte ab. Daraufhin sah Reventlow als einzigen Ausweg die heimliche Flucht aus dem Pfarrhaus und bereitete sie mit Hilfe ihres jüngeren Bruders Karl vor. Eines Nachts ließ sie an einem Seil ihren gepackten Koffer aus dem Fenster des Pfarrhauses, sprang zum Küchenfenster hinaus, rannte zum Bahnhof und fuhr mit dem Zug nach Wandsbek zu einer Bekannten aus dem Ibsenkreis: „Draußen über den Bäumen schien der Mond, und durch die Zweige fuhr ein rascher Morgenwind. Frühling, dachte sie, und draußen wartet das Leben." (Bd. 1, S. 91) Diese Tat wurde als ungeheuerlicher Affront gegen ihre Familie erlebt.

In dieser Zeit (Juni 1893) erkrankte ihr Vater schwer, wahrscheinlich an einem Schlaganfall, und starb. Obwohl sich Reventlow sofort auf den Weg zu ihrem sterbenden Vater gemacht hatte, durfte sie trotz ihrer inständigen Bitten nicht zu ihm. Man war der Ansicht, dass sie sich mit ihrem Verhalten von der Familie losgesagt habe, und maß ihr am Tod des Vaters große Schuld zu. Später wird sie einmal über ihn schreiben: „Aber sie wußte doch auch, dass ihr Vater viel Liebe und Weichheit in sich trug ... Eine namenlose Sehnsucht erwachte in ihr nach all der Liebe, die sie einander nie gegeben hatten.“ (Bd. 1, S. 103)

In Wandsbek hatte sie inzwischen den Gerichtsassessor Walter Lübke (1861-1930) kennen gelernt. Neben einem Gefühl von Geborgenheit und Sicherheit fand sie bei Lübke auch eine Wertschätzung ihrer künstlerischen Zukunftspläne. Er unterstützte ihren Traum, Malerin zu werden, und finanzierte ihr nach der Verlobung längere Aufenthalte in München zur Ausbildung als Malerin. Im August 1893 ging sie nach München.

München – „das ist endlich die Luft, in der ich leben kann“

Im ausgehenden 19. Jahrhundert war München neben Berlin, Paris und Wien eines der großen künstlerischen Zentren. Viele private Malschulen boten hier Frauen die Möglichkeit, eine künstlerische Ausbildung aufzunehmen. Auch Clara Westhoff (1878-1954) und Gabriele Münter (1877-1962) gingen deshalb nach München. Reventlow arbeitete in der Malschule von Anton Ažbe (1862-1905), der wenig später auch Lehrer von Alexej Jawlensky (1864-1941) und Wassily Kandinsky (1866-1944) wurde. Neben dem Unterricht faszinierten sie die vielen neuen Möglichkeiten ihres Lebens und die unterschiedlichen Menschen, die sie kennen lernte:

> So habe ich mir's geträumt, das ist endlich die Luft, in der ich leben kann. Mein Gott, und jetzt muß ich arbeiten, arbeiten bis aufs Blut, und dann faßt mich der Jammer an um all die verlorene Zeit, was für Jahre hätte ich schon arbeiten können. (Bd. 1, S. 118)

Im Haus der Malschule lernte sie den polnischen Maler und zwielichtigen Künstler Adolf Herstein (1869-1932) kennen, der sie erotisch ganz in seinen Bann zog. Es gab fast keine Nacht, in der man vor dem Morgen nach Hause kam, und wollte sie einmal zu Hause bleiben, kam der ganze Maler-Kreis zu ihr und holte sie ab. Als sie schwanger von Herstein war, „ein Kind der Leidenschaft“, gab er vor, sie finanziell nicht unterstützen zu können, und riet ihr, zu ihrem Verlobten Walter Lübke nach Hamburg zurückzukehren und ihn zu heiraten. Sie erlebte diese Situation als ihr persönliches Unglück und als Aufopferung für die Kunst und sprach mit niemandem darüber.

In dieser ersten Münchner Zeit machte sie auch die Bekanntschaft mit dem Journalisten und Schriftsteller Michael Georg Conrad (1846-1927), Herausgeber der Zeitschrift *Die Gesellschaft*, und schrieb ihm:

> Aber schreiben muß ich doch. Es gibt so vieles, was man künstlerisch gestalten möchte und es wenigstens doch in der Malerei nicht ausdrücken kann. Da drängt es mich mächtig dazu, es zu schreiben. Und wenn man schreibt, will man es auch nicht liegen lassen ... (Bd. 4, S. 270f.)

In der Tat erschienen ab 1893 einige Texte unter dem Titel *Momentaufnahmen* in den *Husumer Nachrichten*, neben der erwähnten *Uniform* beispielsweise die Skizze *Warum?* Darin geht es um den Selbstmord eines Schülers. Dieser war Reventlows Cousin, und die Erschütterung über seine Tat und über die rohen Reaktionen der Umwelt spürt man deutlich dem Text an.

Im Mai 1894 heiratete sie Walter Lübke, ohne die Schwangerschaft zu offenbaren. Wenig später erlitt sie eine Fehlgeburt, an die sich ein langer Genesungsprozess anschloss. Ihr Mann erfuhr nichts von den wahren Hintergründen ihrer Schwäche, da Reventlow sich auf die Schweigepflicht des Arztes verlassen konnte. Wohl fiel Lübke auf, dass sie verändert wirkte, aber er glaubte ihren Worten, dass sie „mit einem fast verzweifelten Ernst“ (Bd. 1, S. 147) versuche, in der Malerei voranzukommen.

In dieser Zeit begann sie wieder Tagebuch zu schreiben. Es umfasst den Zeitraum von 1895 bis 1910 und ist inzwischen vollständig ediert. Dieses Tagebuch war nicht zur Veröffentlichung vorgesehen, aber ohne dieses Tagebuch wüsste man vieles nicht über Reventlow, so ihre große innere Zerrissenheit und ihre vielfache Verzweiflung hinter der scheinbar immer heiteren äußeren Erscheinung. Im Juli 1897 heißt es im Tagebuch: „Was für Unruhe trag ich in mir selber. *Aber für die andern allerdings bin ich immer lächelnde und heitre Oberfläche.*“ (TB S. 65, Unterstreichung im Original) Häufig gibt es nur einzelne Worte und unvollständige Sätze, wie schnell hingeworfen, und dennoch entsteht an vielen Stellen eine lebendige, oft poetische Atmosphäre, und mehrfach thematisiert sie, dass das Aufschreiben ihr eine wichtige Hilfe sei, es sei „immer ein schlechtes Zeichen für meinen inneren Zustand, wenn ich nicht zum Aufschreiben komme – Zeiten, wo ich nicht im inneren Zusammenhang bin“ (TB S. 119).

Diesem Tagebuch kann man auch entnehmen, an welche Grenzen der Angst und des Aushaltbaren sie ihre andrängenden Lebenswünsche und die Situation der Verheimlichung vor ihrem Ehemann führten. Immer wieder reflektierte sie ihre Unaufrichtigkeit und sprach von einer „wahnsinnigen Sehnsucht nach Wahrheit, nach unbedingter, erbarmungsloser, vielleicht alles zerstörender Wahrheit“ (TB S. 38). Zugleich fürchtete sie den Schmerz, den diese Wahrheit ihrem Ehemann bereiten würde. Trost und Halt fand sie in der Literatur, bei G. Flauberts (1821-1880) *Madame Bovary* oder der *Yvette* von G. de Maupassant (1850-1893).

Im Mai 1895 ging sie zum weiteren Malunterricht wieder nach München, aber erst ein Jahr später, im Sommer 1896, fand sie den Mut, ihrem Mann ihr erotisch freizügiges Leben in München zu gestehen, woraufhin sich dieser sofort von ihr trennte. Nach ihrem Geständnis lag sie monatelang krank und wie betäubt, als erschrecke sie selbst vor der Wahrheit ihres nun ganz auf sich selbst gestellten Lebens. Fortan gab es immer wieder längere Krankheitsphasen, vielfach litt sie an Kopfschmerzen, an Zahn- und Ohrentzündungen, manchmal war sie wochenlang im Krankenhaus und musste sich mehrfach Unterleibsoperationen unterziehen. Einmal schrieb sie, dass sie den Arzt bitten werde, die Wunde nicht mehr zuzunähen, sondern mit Druckknöpfen zu versehen, das erleichtere den nächsten Eingriff (vgl. Egbringhoff 2000, S. 57).

Trotz verschiedener erotischer Beziehungen fand sie nicht die Wärme und Geborgenheit, nach der sie sich sehnte. In der Neujahrsnacht 1896/97 schrieb sie in ihr Tagebuch:

> Seit 4 Monaten hab ich Walter (d.i. ihr Ehemann Walter Lübke, ME) nicht gesehen und ich ertrage es nicht ohne ihn. Sonderbar und mit ihm ertrug ich es auch nicht. ... Ich wollte Walter behalten und die andern alle auch ... Warum fühle ich das Leben so herrlich und intensiv wenn ich viele habe, immer das Gefühl, eigentlich gehöre ich allen. - Und dann wieder der haltlose Jammer, daß ich dadurch grade den Einen verliere, der *mich* liebt. Warum gehen Liebe und Erotik für mich so ganz auseinander. (TB S. 40f., Unterstreichung im Original)

Ihr Leben war fortan durch beinahe unvorstellbare finanzielle Not gekennzeichnet, der sie unermüdlich und mit großer Erfindungsgabe zu begegnen suchte. Sie wechselte zig Mal die Wohnung, weil sie selbst die armseligsten Zimmer nicht bezahlen konnte, lebte bei Freunden, und in ihrem Tagebuch kaschierte sie ihr blankes Hungern unter dem feinen Wort „Fastenkur“ (TB S. 79). Für ihre 17 Jahre in München sind 26 Wohnadressen aufgefunden worden. (TB S. 550f.) Selbst dem Tagebuch gegenüber blieb sie immer vornehm. Einmal schrieb sie: „Aber still davon ... Man muss sogar sich selbst gegenüber diskret sein.“ (TB S. 41) Auf ihrer Suche nach Verdienstmöglichkeiten nahm sie teuren Schauspielunterricht in der Hoffnung auf spätere Engagements, sie versuchte sich als Versicherungsagentin und als Glasmalerin, und gelegentlich verkaufte sie sich im gehobenen „Salon“ der Frau X.

Im Januar 1897 bestätigte sich ihr Gefühl, dass sie erneut schwanger war. Und trotz großer Ängste und Befürchtungen freute sie sich auf das Kind. Gleichwohl war sie oft verzagt, zumal ihre Ehe mit Walter Lübke gerade geschieden wurde. Am 29.2.1897 schrieb sie in ihr Tagebuch:

> Ihr wisst alle nicht was Liebe ist, seid alle hart. Es ist wie eine seltsame Wiederholung in meinem Leben, meine Mutter – Du (Walter Lübke, ME). Und ihr wollt lieben können. (TB S. 47)

In dieser Zeit lernte sie den jungen Rainer Maria Rilke kennen und fand großen Trost in der Begegnung mit ihm: „... jeden Morgen ein Gedicht in meinem Briefkasten, das gefällt mir". (TB S. 49) Sie traf ihn wieder am Bodensee, wohin sie vor Mietforderungen geflohen war.

Um ihre finanzielle Situation als ledige Mutter im Hinblick auf das Kind zu stabilisieren, besann sie sich auf ihre guten Sprachkenntnisse, vor allem im Französischen, und darauf, dass sie schon in ihrer Jugend (Bd. 4, S. 59) einmal überlegt hatte, sich durch Übersetzungen ihren Lebensunterhalt zu verdienen. Ab 1897 fertigte sie bis an das Ende ihres kurzen Lebens fast 50 Übersetzungen aus dem Französischen für den Albert Langen-Verlag an, vor allem Werke von Anatole France (1844-1924), Guy de Maupassant (1850-1893) und Marcel Prévost (1862-1941). Sie war hierbei für ihre Schnelligkeit geschätzt. Auch scheute sie sich nicht, manche ihr langweilig erscheinenden Passagen zu kürzen (vgl. Bd. 4, S. 363).

Daneben schrieb sie für verschiedene Zeitschriften, so für die *Zürcher Diskußionen*, die Oskar Panizza (1853-1921) herausgab, sowie für die satirische Zeitschrift *Simplicissimus* (ab 1896) des Verlegers Albert Langen (1869-1909). Diesem gefiel ihre Art zu schreiben, und es entstand eine lebenslange Zusammenarbeit.

Zwei Monate vor der Geburt ihres Kindes schrieb sie an Paul Schwabe (1862-1926), einen Frankfurter Kaufmann und Freund, der ihr auch gelegentlich mit Geld aushalf:

> 350 Druckseiten, macht 500 geschrieben, erst übersetzen, dann korrigieren, schließlich ins Reine schreiben – die Abschrift habe ich jetzt in 10 Tagen gemacht, trotz verschiedentlich sehr schlechtem Befinden ... Jetzt habe ich wieder 280 Seiten zu übersetzen, die mir 150 M einbringen, aber in 14 Tagen fertig sein sollen, dann kommt der Umzug am 1. Juli und dann noch einen Roman zu übersetzen. (Bd. 4, S. 281)

Am 1. September 1897 wurde ihr Sohn Rolf geboren. Ihre ganze Lebensverzweiflung wendete sich mit der Geburt des Sohnes um in ein Lebensglück an ihm, er wurde fortan ihr Halt im Leben, ihr Lebensinhalt, ihm zuliebe nahm sie alle Alltagsmühen auf sich, so als wolle sie an ihm beweisen, was Mutterliebe vermag, entgegen dem, was sie als Kind empfunden hatte. Selig ließ sie sich mit ihm ganz in Weiß fotografieren. In ihrem Tagebuch spürt man an ihren immer neuen Wortschöpfungen ihr Glück über dieses Kind, es ist ihr Sonnenschein, ihr Göttertier, ihr Himmelskind. Am 28.9.97 notierte sie: „Es ist so blühend mit seinen großen dunklen Augen und dem rosigen Gesicht." Am 17.10.97 heißt es: „Jeder Augenblick wo ich ihn nicht bei mir habe, ist verloren und dumm." (TB S. 69, 71) Den Namen des Vaters behielt sie für sich und den Skandal, geschiedene Frau und Mutter eines unehelichen Kindes zu sein, ließ sie sich nicht anmerken. Der Sohn dankte ihr ihre Zuwendung mit großer Friedlichkeit.

Im Kreis der Kosmiker

1899 lernte Reventlow den Graphologen und späteren Philosophen Ludwig Klages (1872-1956) kennen und bekam über ihn Zugang zum sog. Kreis der Kosmiker. Zu den Kosmikern zählten neben Klages z.B. der Altertumsforscher Alfred Schuler (1865-1923) und der Privatgelehrte Karl Wolfskehl (1869-1948). Es waren Intellektuelle, die durch Rückbesinnung auf heidnische Riten eine Erneuerung und Revitalisierung des Lebens suchten, das ihnen um 1900 allzu sehr von Rationalität und Fortschrittsglaube bestimmt schien. Sie beriefen sich dabei teils auf *Das Mutterrecht* (1861) von Johann Jakob Bachofen (1815-1887). Bachofens Thesen zu sexueller Promiskuität, zum Hetärentum und Matriarchat in der Frühzeit der Menschheit und seine Überzeugung von einem ursprünglichen dionysischen Prinzip faszinierten sie. Daher hofften sie, durch dionysisch-rauschende Feste, Maskenumzüge in antiken Gewändern und durch weihevolle Stimmungen Zugang zu verschütteten lebendigen Impulsen zu gewinnen und Gefühl und Verstand wieder zu verbinden. Viele dieser Zusammenkünfte fanden in Wolfskehls Haus statt. Den Kosmikern erschien Reventlow mit ihrer bewusst ledigen Mutterschaft und mit ihrer erotischen Offenheit wie die Inkarnation des Mutter- und Hetärentums von Bachofen. Man sah in ihr eine moderne Hetäre und „Heidnische Madonna". Sie nahm begeistert an den Zusammenkünften, ausgelassenen Festen und Umzügen der Kosmiker teil, weniger jedoch aus theoriegeleiteten Überlegungen als aus Freude an einer Art jugendlichen, wilden „Tobens" (TB S. 126):

> Gestern beim Ball. Einfach gerast und selig. ... Vormittags mit Bubi zur Stadt, noch ganz taumelig und mit Tanzgefühl in den Füßen. Mußte mir Mühe geben, nicht hinter dem Kinderwagen zu hupfen. (TB S. 113)

Erotisch band sie sich nirgends auf Dauer. So ging sie eine kurze Affäre mit Wolfskehl ein, sie begleitete mit ihrem Sohn den Paläontologen Albert Hentschel

(1870-1928) für mehrere Monate auf seiner Forschungsreise nach Griechenland und hatte ein Liebesverhältnis mit Ludwig Klages. Ihm schrieb sie einmal: „Ich lebe nur, wenn ich erotisch lebe." (Bd. 4, S. 332) Mit ihm zusammen entstand der Gedanke zu einer Autobiografie als Versuch, auch über diesen Weg Geld zu verdienen. Klages wurde ihr nimmermüder Mentor bei diesem Vorhaben. Immer wieder überfiel sie große Unsicherheit: „Steine, Zentner und Mühlräder vom Herzen, daß er (Klages, ME) es gut fand." (TB, S. 232) 1903 erschien *Ellen Olestjerne*, ihre romanhafte Autobiografie, die mit der Geburt des Sohnes endet. Eine distanzierte, gleichwohl sie erotisch faszinierende Liebesbeziehung während ihrer gesamten Zeit in München war die zu dem Rechtsanwalt Alfred Friess, den sie Monsieur oder – in Anlehnung an eine Romanfigur von Maupassant – Bel Ami nannte. Hier jedoch gingen die Treffen ganz von ihm aus und fanden nur sporadisch statt.

1903 gründete sie eine Art Wohngemeinschaft: Zusammen mit ihrem kleinen Sohn Rolf, ihrer damaligen Liebe Bohdan von Suchocki (1863-ca.1955) und dem Dichter Franz Hessel (1880-1941) bezog sie das sog. Eckhaus in der Kaulbachstraße 63, das neben dem Wolfskehlschen Haus zu einem weiteren Zentrum der Schwabinger Boheme wurde. Eine Hoffnung bei diesem Schritt war, dass er die Lebenskosten senken würde und Reventlow nun endlich zum Malen käme:

> Ich werde wieder malen, das leuchtet doch über alles. Bubi und Malen, ohne Schreiberei und Sorge, und ewigen Tageskleinkram, aus dem ich seit Jahren nie herauskomme. (TB S. 293)

Hier entstanden zwei Farbstudien, die ihr künstlerisches Potential zeigen, zum einen ein Ausschnitt des Innenhofes in der Kaulbachstraße, zum anderen ein Bild ihres Liebhabers Suchocki. (Katalog S. 111) Suchocki blieb bis 1907 ihr Lebensgefährte, dann wanderte er nach Mexiko aus. Er stammte aus verarmtem polnischem Adel und versuchte, als Kunstgewerbler, Puppenspieler und Glasmaler seinen Lebensunterhalt zu verdienen. Das Zusammenleben ergab viele Konflikte, zumal Suchocki an Reventlows parallelen Liebschaften litt. Seine Eifersucht kostete sie einmal beinahe das Leben. Schon 1903 schrieb er: „Mir scheint mein Herz, dass zwischen uns fängt irgendwas zu frieren, es bilden sich Eis Zapfen die wir unbedingt zerschmelzen müssen." (Weiser et al. 2004, S. 48) Suchocki sprach nur gebrochen Deutsch, aber mit seinen Sprachmängeln ging Reventlow äußerst liebevoll und sprachschöpferisch um, wie der ausgedehnte Briefwechsel zwischen beiden zeigt. Der Kulminationspunkt der Beziehung war der Herbst 1904, als die Zwillinge aus dieser Verbindung, zwei Mädchen, bei der Frühgeburt starben. Bestürzt malte Reventlow noch das eine Mädchen, Sibyllchen, das wenigstens einen Tag lebte.

Die Kosmiker trafen sich regelmäßig etwa von 1899 bis 1904, doch begann der Kreis schon 1903 zu zerbrechen, und zwar kam es von Seiten Klages zu antisemitischen Angriffen auf Wolfskehl, der Jude war. Daraufhin zerfiel der Kreis, Klages und Schuler bekamen Hausverbot bei Wolfskehl. Reventlow, die Freunde in beiden Teilen hatte, zog sich etwas zurück.

Ab 1907, mit dem Weggang Suchockis und dem Ende der gemeinsamen Kaulbach-Wohnung, verschlechterte sich die finanzielle Situation von Reventlow immer mehr. Die letzten Jahre in München waren von unvorstellbarer Geldnot begleitet. Schließlich sah sie in München keine Zukunft mehr und zog 1910 nach Ascona.

„Aber schreiben muss ich doch" – Ascona

> Ach bin ich gelaufen, gelaufen, hingefallen wieder aufgestanden, umgeworfen wieder aufgesammelt, bis ich da angekommen bin, wo mein Ziel anfängt. Und dann die Angst und die Zweifel und das Kräfteversagen und die Müdigkeit. Aber immer dahinter das Gefühl, ich muss noch etwas großes zusammenbringen, das verläßt mich nie. (Reventlow 1907/TB S. 463)

Der Anarchist Erich Mühsam (1878-1934) lebte in München und Ascona und hatte Reventlow von einem heruntergekommenen russischen Baron von Rechenberg in Ascona erzählt, der zum Schein eine adlige Gattin suche, um an sein Erbe zu kommen. Mühsam kannte Reventlow noch von Lübeck her und wusste um ihre finanziellen Nöte. Das russische Erbe sollte dann geteilt werden. Reventlow war sofort einverstanden und meinte, Rechenberg sei praktisch, da brauche sie noch nicht einmal die Monogramme auf den Taschentüchern zu ändern. Alles gelang, doch als das erhaltene Geld auf einer Tessiner Bank ankam, ging diese wenige Tage später in Konkurs, und das Geld war verloren. Reventlow nahm es hin. Sie verarbeitete diese Erfahrung in dem Roman *Der Geldkomplex* (1916). In ihm setzte sie sich auf humorige Weise mit dem Thema Geld auseinander und verlegte die Gespräche darüber in ein Sanatorium, wo sich der Freudianer Baumann vergeblich bemühte, sie für eine Psychoanalyse zu gewinnen. Sie argumentierte, dass der erotische Komplex, den man in der Psychoanalyse als grundlegend für seelische Störungen ansehe, bei ihr nun wirklich nicht vorliege ... Die Figur des Doktor Baumann ist dem eigenwilligen Freud-Schüler Otto Gross (1877-1920) nachgebildet, den Reventlow noch in München (1907) kennen gelernt hatte. In Ascona war sie eng befreundet mit seiner ersten Frau Frieda (1876-1950).

In Ascona begann ihr eigentliches Leben als Schriftstellerin. Sie wohnte wiederum sehr einfach und fand als Schreibort einen Turm mitten in einem Weinberg. Sie verdiente weiterhin mit Übersetzungen aus dem Französischen Geld. Zu der damals dort bekannten Künstlerkolonie des Monte Verità hielt sie Abstand. Übersteigerte, einseitige Weltanschauungen wie hier der Vegetarismus oder die Bewegung „Zurück zur Natur" lagen ihr fern. Freunde fand sie beispielsweise in der erwähnten Frieda Gross sowie in dem Ehepaar Ludwig. Der Schriftsteller Emil Ludwig (1881-1948) wurde später bekannt durch das Verfassen von Biografien großer Menschen, so auch über J. W. v. Goethe (1749-1832). 1911 lernte Reventlow den Rechtsanwalt Mario Respini-Orelli in Locarno kennen und begann mit ihm eine Liebesbeziehung. Noch einmal entstand eine Schwangerschaft, diesmal entschied sie sich aber für einen Abbruch. Wünsche seiner angesehenen Familie nach Heirat lehnte sie ab, allerdings zog sie 1916 näher zu ihm hin, nach Muralto, einem Nachbarort von Locarno.

Weiter auf der Suche nach Möglichkeiten, Geld zu verdienen, entstand der Gedanke, ihre Münchner erotischen Erfahrungen als Buch zu veröffentlichen. 1912 erschienen die Amouresken *Von Paul zu Pedro*. Im Stil der traditionellen Hetärengespräche spricht hier eine Hetäre in abgeklärter Form von ihren Liebeserfahrungen, und es besteht kein Zweifel an der autobiografischen Substanz dieser Schilderungen. Wer jedoch Enthüllungen in irgendeiner Form erwartete, wurde enttäuscht. Reventlow blieb die feine, diskrete Schreiberin. Es geht mehr um den Blick auf verschiedene Liebhaber-Typen, die mit ironischer Distanz und analytischem Blick beschrieben werden. So heißt es über den „Retter", hinter dem man Ludwig Klages vermutet: „Der Retter meint es gut und aufrichtig, schon das ist schwer zu ertragen." Er leide „an unheilbarer Selbstüberschätzung" und halte sich für imstande, der Freundin aus ihrem „zerflatterten Liebesleben" heraus zu helfen „und auf einen Hauptpunkt, nämlich auf sich selbst zu konzentrieren" (Bd. 1, S. 195f.). Daneben werden beispielsweise der Fremde beschrieben, vielleicht ihrem langjährigen Liebhaber Alfred Friess nachgebildet, der Familienvater, der Dichterfreund und „die elegante Begleitdogge", mit der man in Gesellschaft besonders gut Eindruck machen könne. Zusammenfassend schrieb Reventlow: „Jede einzelne Spielart hat ihre besonderen Reize, und das Ensemble aller dieser Reize dürfte man wohl Erotik nennen." (Bd. 1, S. 193)

Danach beschäftigte sie sich mit ihrer Zeit bei den Kosmikern im München um 1900. Dazu holte sie sich fachkundige Hilfe bei Paul Stern (ca. 1870-1933), ihrem Münchner Freund, der Philosoph war, und bat ihn wiederholt brieflich, ihr die einzelnen „kosmischen Sachen" in den Roman „hineinzutun": „Bei diesem Buch bedaure ich doch manchmal, nicht etwas 'intellektueller' zu sein, ich tu mich wirklich etwas schwer damit, weil mir im Moment alle möglichen Kenntnisse fehlen."

(Bd. 4, S. 585, 583) 1913 erschien *Herrn Dames Aufzeichnungen oder Begebenheiten aus einem merkwürdigen Stadtteil.* Reventlow beschrieb jene Zeit mit ihren Sonderbarkeiten und Fragwürdigkeiten ungemein heiter und souverän, mit einem Hang zu Ironie und Wortwitz, dabei aber genau in der Schilderung der Personen, die den tatsächlich Beteiligten nachgebildet sind, und äußerst hellsichtig. Die weltanschaulichen Hintergründe dieses Kreises umriss sie kurz und prägnant mit den Worten „ein Protest", „ein neuer Kult", „eine geistige Bewegung" und erfand für diese Zeit in Schwabing das Wort „Wahnmoching". Sie versäumte auch nicht, auf latente Anzeichen von Rassismus in Teilen dieses Kreises hinzuweisen. Sich selbst bildete Reventlow unter anderem in den beiden Figuren der Maria und der Susanna ab. Maria ist die fröhliche, hingebungsvolle, für jede Ausgelassenheit bereite ledige Frauenfigur mit ihrem Kind, daneben gibt es die ernste, besonnene Susanna. Skepsis diesem dionysisch-rauschhaften Treiben gegenüber legte Reventlow einem jungen, zurückhaltenden Mann im Frack in den Mund:

> Im Frack kann man nicht dionysisch taumeln – ... deshalb passt das auch nicht in unsere Zeit. Was hab' ich davon, wenn ich abends dionysisch herumrase ... und am nächsten Morgen doch wieder mit der Trambahn in mein Bureau fahren muss. (Bd. 2, S. 53)

1916 erschien der erwähnte *Geldkomplex* und 1917 einige teils im Surrealen spielende Erzählungen.

1916 – Zeit des Ersten Weltkrieges – musste ihr Sohn, der noch die deutsche Staatsangehörigkeit hatte, Soldat werden, und es gehört zwar zur Legendenbildung, trifft aber einen Kern, wenn es heißt, Reventlow habe ihn eigenhändig, beschossen von Wachtposten, von Konstanz aus ans Schweizer Ufer gerudert, um ihn vor dem Krieg zu retten, ihn, ihr Ein und Alles: „Sie war nur Mutter; bis zu einem Grad, dass jeder Krieg auf Erden unmöglich wäre, wenn alle Mütter so sehr Mütter wären." (Overath 2004, S. 95) Der Sohn machte im Anschluss daran eine Fotografenlehre, wurde später Journalist und Schriftsteller. Er engagierte sich im Spanischen Bürgerkrieg auf Seiten der Republikaner. Seiner Frau Else, Lehrerin und Journalistin, ist die Veröffentlichung der Werke seiner Mutter zu verdanken. Sie machte 1925 als Erste auf das Leben und Werk von Reventlow aufmerksam.

Reventlow starb am 26. Juni 1918 im Alter von 47 Jahren im Krankenhaus von Muralto an den Folgen eines Fahrradunfalles und wurde in Locarno begraben.

Erotische Kultur: Drei Essays

> Die Predigt der Keuschheit ist eine öffentliche Aufreizung zur Widernatur. Jede Verachtung des geschlechtlichen Lebens, jede Verunreinigung desselben durch den Begriff „unrein" ist ein Verbrechen selbst am Leben, – ist die eigentliche Sünde wider den heiligen Geist des Lebens.
>
> *F. Nietzsche, Ecce homo*

Das schmale künstlerische Werk Reventlows ist vielgestaltig. Neben Jugendgedichten, Malversuchen, Prosaskizzen und Novellen stehen ihre Romane und die späten, teilweise grotesken Erzählungen. Eine Seltenheit stellen ihre Essays dar. Lange waren nur drei Arbeiten (s. Bd. 5) bekannt, erst kürzlich tauchte eine vierte Arbeit aus der Zeit kurz vor ihrem Tod auf. Diese beschäftigt sich mit dem Ersten Weltkrieg und den Vorgängen um die Desertion ihres Sohnes. In den beiden Texten von 1898 und 1899, erschienen in den *Zürcher Diskußionen*, die Oskar Panizza herausgab, geht es um die Geschlechterfrage. Sie heißen *Das Männerphantom der Frau* und *Viragines oder Hetären?* Ein dritter Aufsatz, *Erziehung und Sittlichkeit*, zieht pädagogische Konsequenzen für die Kindererziehung, er erschien 1900 in einer kritischen Buchveröffentlichung zur sog. Lex Heinze (s. weiter unten). Reventlow schrieb in diesen Texten überaus lebendig und wie mit leichter Hand aus ihrer alltäglichen Erfahrung heraus und verweigerte sich jeder Vereinnahmung, sei es von konservativer oder von feministischer Seite. Sie blieb auch hier Individualistin.

Zur Geschlechterfrage (1898/1899)

In ihrem eigenen Leben, zumal als Aristokratin, hatte Reventlow die rigiden Lebens- und Sexualvorstellungen für eine Frau des ausgehenden 19. Jahrhunderts schmerzlich erfahren. Wie ihre Romanfigur *Ellen Olestjerne* wurde sie in ihrer Jugend in Lübeck auf zahlreiche Bälle geschickt, um vielleicht „doch mal jemand zum Heiraten zu finden" (Bd. 1, S. 68). Es sei schändlich, dass man in der Erziehung und Lebensweise der Mädchen immer versuche, ihre Sinnlichkeit zu reizen, nur um „Partien zu machen" (Bd. 4, S. 29).

In ihrem Text über *Das Männerphantom der Frau* heißt es: Die Doppelmoral in der Gesellschaft gestatte es den Männern, vor der Ehe vielfältige sexuelle Erfahrungen zu machen, während „eine Frau mit Vergangenheit oder gar Gegenwart" von der Gesellschaft ebenso verurteilt werde wie ein Mann, „der im Zuchthaus gesessen hat". Dementgegen sei es für jede Frau überaus hilfreich, eine vielseitige

Kenntnis der Männer zu erlangen, um im Mann „weder den Übermenschen noch den Schurken" zu sehen, sondern ihn einfach so, wie er ist, als „gegebene Größe". Die meisten Mädchen jedoch gingen mit „einem unerschöpflichen Vorrat von himmelblau- und rosagestreiften Illusionen durch die Welt" und sähen im Mann den „Inbegriff alles Großen und Edlen". Komme es zur Ehe, erlitten „ihre Ideale Schiffbruch".

In ihrem Aufsatz von 1899 mit dem Titel *Viragines oder Hetären?* ging Reventlow der Frage nach, „was Frauen ziemt". Dabei sieht sie die biologischen Unterschiede von Mann und Frau als Zeichen für ihre unterschiedliche Bestimmung. Für die Frau sei es vorrangige Aufgabe, „Männer zu lieben und Kinder zu bauen und an allen erfreulichen Dingen der Welt teilzunehmen". Sie sei:

> ... ein Luxusobjekt in des Wortes schönster Bedeutung, ein beseeltes, lebendes, selbstempfindendes Luxusobjekt, das Schutz, Pflege und günstige Lebensbedingungen braucht, um ganz das sein zu können, was es eben sein kann. (Bd. 5, S. 218)

Lebensbedingungen also, die ganz das Gegenteil von dem waren, die Reventlow selbst hatte. Ihr Frauenbild ist die antike Hetäre als Sinnbild „erotischer Kultur":

> Die Hetären des Altertums waren freie, hochgebildete und geachtete Frauen, denen niemand es übel nahm, wenn sie ihre Liebe und ihren Körper verschenkten, an wen sie wollten und so oft sie wollten und die gleichzeitig am geistigen Leben der Männer teilnahmen. (Bd. 5, S. 218)

Eine Frauenbewegung der Zukunft müsse „das Weib als Geschlechtswesen" befreien, Frauen müssten „volle geschlechtliche Freiheit" und „freie Verfügung" über ihre Körper haben. Durch das Christentum sei der Geschlechtstrieb und seine Befriedigung zu einem „notwendigen Übel" herabgewürdigt worden und nur in der Ehe erlaubt. Doch das Ehe-Gebot bewirke, dass Frauen oft ohne Genuss ihre Körper hingäben, als Gegengabe für ihre finanzielle Versorgung. Das sei wie legalisierte Prostitution, während Männer dadurch getrieben würden, sexuellen Genuss auch bei öffentlichen Prostituierten zu suchen. Statt „Pflicht und Entsagung" solle man Frauen „Freude und Verlangen" lehren. Mit der Überwindung des Christentums könne man auf einen „Sieg des gesund erotischen Geistes" hoffen.

Obwohl Reventlow einige Frauen der aufkommenden Frauenbewegung persönlich kannte, stand sie deren Zielen distanziert gegenüber. Sie schienen ihr zu eingeengt auf den Zugang zu Bildung und Beruf für Frauen und zu wenig sinnlich und erotisch. Viele Vertreterinnen seien eben Viragines (männlich wirkende Jungfrauen). Sie gingen „mit Herrenwesten und Lodenröcken" und hätten vermutlich nie näheren Kontakt mit Männern gehabt. Zutiefst einig war Reventlow dagegen mit den Forderungen der Frauenbewegung, die Situation der Arbeiterfrauen zu verbessern und ledige Mütter finanziell zu unterstützen.

Dass Reventlow mit ihrer Auffassung der Frau keinem einseitigen Mutterkult anhing, bewies sie mit ihrem Leben. Trotz der großen Liebe zu ihrem Sohn war sie weltoffen und interessiert an allen kulturellen Ereignissen ihrer Zeit, und sie erwirkte auch die Erlaubnis, ihn – selbst Lehrerin – privat zu unterrichten, um ihn vor ungünstigen pädagogischen Einflüssen zu schützen. Immer wieder heißt es im Tagebuch auch, dass sie mit ihm große Spaziergänge und weite Fahrradausflüge machte, und der Sohn schrieb später, sie habe ihn auf ihren gemeinsamen Reisen stets auf die Schönheiten der Kultur aufmerksam gemacht.

Erziehung und Sittlichkeit (1900)

Anlass für diesen Aufsatz war die sog. Lex Heinze, ein kaiserlicher Erlass um 1900, mit dem die Darstellung alles Nackten im öffentlichen Raum, speziell in der Kunst und Literatur, untersagt wurde. Er hatte zur Folge, dass nackte Skulpturen oder Gemäldepartien verhängt wurden und anstößige Passagen in der Literatur der Zensur anheimfielen. Reventlow wendete sich entschieden gegen solche Maßnahmen, denn das Nackte gehöre im Leben wie in der Kunst zum Leben dazu, und man solle Kinder so erziehen, dass sie seine natürliche Schönheit wahrnähmen. Von ihr selbst gibt es ein schönes Aktfoto auf einem Sandstrand (Samos 1900, Katalog S. 109). Das Christentum habe falsche Anschauungen gezüchtet, indem es „den Menschen in einen unlösbaren Konflikt zwischen seine eigene Natur und die ihm aufgezwungene Moral“ gestellt habe. Sie schrieb auch hier aus eigener Anschauung, als jemand, der „einen schweren Kampf“ habe kämpfen müssen, ehe er sich von dem Einfluss der „sogenannten guten Erziehung“ habe freimachen können. Deren Hauptcharakteristikum sei „das Verschleiern und Vertuschen aller das Geschlechtsleben betreffenden Fragen“. Statt dass man „die natürliche, naive Neugier des Kindes“ durch altersangemessene Antworten befriedige und überhaupt beide Geschlechter ohne alle Geheimnistuerei gemeinsam erziehe, hörten Kinder nur: „Das verstehst du noch nicht“ oder: „Davon spricht man nicht.“ Das Erwachen des Geschlechtstriebes, das Sich-Erkennen als Mann und Frau sollte den jungen Menschen zur „Offenbarung“ werden, „Triumph“, „froher Sieg“ sein, und nicht „Verlust der Unschuld“ oder „Niederlage“. „Dieses trostlose 'Nein!' dem Leben gegenüber“, diese „Entsagungsödigkeit“ bis in den Leib hinein müsse in der Erziehung überwunden und umgewandelt werden „zu einem frohen, selbstbewußten Ja“ zum Leben und zur Lebensfreude.

In Reventlows autobiografischen Roman *Ellen Olestjerne* heißt es, dass Ellen die Liebe erfuhr wie eine „blinde, wütende Sturmflut, die alle Dämme niederbrach". Im realen Leben überließ sich Reventlow der „Sturmflut" ihrer erotischen Wünsche sowie männlichem Umwerben willig und ohne damit eine feste Beziehungsabsicht zu verknüpfen. Das emanzipatorische Moment könnte man darin sehen, dass sie der Frau diese lustvolle Körperlichkeit ebenso selbstverständlich zugesteht wie dem Mann.

Würdigung

Nimmer sich beugen,
Kräftig sich zeigen,
Rufet die Arme
Der Götter herbei.
J. W. v. Goethe

19-jährig schrieb Reventlow an den jungen Fehling, diese Verse von J. W. v. Goethe seien seit langem ihr Wahlspruch (vgl. Bd. 4, S. 175). Nach Rilkes Einschätzung hat Reventlow ihr Leben ganz alleine gesucht, wie jemand, „der sich im Kerker mit nichts eine Geige macht". Dabei wurde sie zur Pionierin in ihrer erotischen Selbstbestimmung als Frau. Kraftquellen waren vermutlich für sie das erotisch-sexuelle Glück sowie die Literatur und das Denken. Wie Ibsens Nora machte sie sich auf den Weg, selbst zu prüfen, was vom gesellschaftlich Überkommenen standhält, um eine Frau im eigentlichen Sinne zu werden, „ein beseelter, lebender, selbstempfindender" Mensch. Ihre Überzeugung von der Freiheit des Menschen zeigt sich nicht nur in ihren Lebensentscheidungen, sondern auch darin, dass sie sich in allen Nöten ihres Lebens stets Humor und Vornehmheit bewahrte. Nicht zuletzt resultiert ihr Werk aus dieser Fähigkeit zur schöpferischen Distanz. Die Wehmut, dass sich ihr Lebenswunsch, Malerin zu werden, immer neu in die Zukunft schob, ertrug sie. Vielleicht beruhigte er sich in Ascona mit dem kontinuierlicheren Schreiben. Ihre Unabhängigkeit im Denken, ihr Sprachwitz und ihre „Sprachzärtlichkeit" (Weiser et al. 2004, S. 24) könnten Anschauung dafür sein, dass der Eros aus den Tiefen des Körpers bis hinauf in den Geist reicht. Erich Mühsam rief ihr nach:

> Ich grüße diese Tote mit inniger Verehrung. Sie trug, außer ihrem Namen, nichts an sich, was vom Moder der Vergangenheit benagt war. In die Zu-

> kunft gerichtet war ihr Leben, ihr Blick, ihr Denken; sie war ein Mensch, der wußte, was Freiheit bedeutet, ein Mensch ohne Vorurteile, ohne traditionelle Fesseln ... Und sie war ein froher Mensch, dessen Frohsinn aus dem tiefsten Ernst des Charakters kam. Wenn sie lachte, dann lachte der Mund und das ganze Gesicht, daß es eine Freude war, hineinzusehen. Aber die Augen, die großen, tiefblauen Augen, standen ernst und unbewegt mitten zwischen den lachenden Zügen. ... und das Herz erfüllt von der Schönheit des Lebens und von der Sehnsucht nach einer schönen und freien Menschenwelt. (Mühsam 1949, S. 154f.)

Ein Besonderes ihres Lebens könnte man in ihrer Lebensliebe sehen und in der Bejahung ihres mühseligen, aber aufrechten Lebensweges. Ihre Gestalt lässt an Camus‘ Sisyphos denken, von dem es heißt, man müsse sich ihn „als einen glücklichen Menschen“ vorstellen.

Bei aller Bescheidenheit: Frau Thomas Mann

Monika Schoene

Während bei dem Nobelpreisträger Thomas Mann (1875-1955) inzwischen jeder Seelenwinkel ausgeleuchtet zu sein scheint, ist Katia Mann vielen Kennern dieser Familie immer noch ein Rätsel.

Glücklicherweise hielt sie sich nicht konsequent an ihr Motto, das sie 1970 verfasste und es später in dem Buch *Meine ungeschriebenen Memoiren* voranstellte:

> Ich habe tatsächlich mein ganzes allzu langes Leben immer im strikt Privaten gehalten. Nie bin ich hervorgetreten, ich fand, das ziemte sich nicht. Ich sollte immer meine Erinnerungen schreiben. Dazu sage ich: in dieser Familie muss es einen Menschen geben, der nicht schreibt. Dass ich mich jetzt auf dieses Interview einlasse, ist ausschließlich meiner Schwäche und Gutmütigkeit zuzuschreiben.

Neben diesem auf Gesprächen mit ihrem jüngsten Sohn Michael Mann (1919-1977) und der Schriftstellerin Elisabeth Plessen (1944-) basierenden Buch sind von ihr 433 Briefe erhalten, aus deren Inhalt man sich Katia oder Frau Thomas Mann, wie sie in der Öffentlichkeit firmierte, etwas mehr erschließen kann.

Kindheit und Jugend

Katharina Hedwig Pringsheim, genannt Katia, einzige Tochter Alfred Pringsheims (1850-1941) und seiner Ehefrau Gertrude Hedwig Anna, geborene Dohm (1855-1942), kam als eine echte Überraschung am 24. Juli 1883 zur Welt. Sie beschreibt die Situation in *Meine ungeschriebenen Memoiren* näher. Während die Familie zur Sommerfrische am Starnberger See weilte, sei der Vater an diesem Tag in seiner Tätigkeit als Professor nach München an die Universität gefahren:

> Meine Mutter erwartete das vierte Kind, und als es dann kam, auch noch zu früh, waren es zwei, mein Zwillingsbruder und, ganz unerwartet, ich. Niemand war da außer der Bauersfrau, und es gab ja kein Telefon. Da sagte sie: Jessas! Es kommt noch eins! Das war dann ich. (K. Mann 1999, S. 11)

Die Pringsheims waren reich, ihr Vermögen war von dem Großvater Rudolf Pringsheim (1821-1906), einem oberschlesischen Eisenbahnmagnaten, erworben worden. Die nachfolgende Generation schlug die akademische Laufbahn ein. Alfred Pringsheim, Ordinarius und Mitglied der Bayerischen Akademie der Wissenschaften, war seit 1886 zunächst als außerordentlicher, seit 1901 als ordentlicher Professor für Mathematik in München tätig. Seit seiner Jugend verfolgte Katias Vater besonderes Interesse an Musik und Kunst. Er war einer der frühesten Richard Wagner-Enthusiasten und förderte mittels der ersten Patronatsscheine den Bau des Bayreuther Festspielhauses. Darüber hinaus bearbeitete er verschiedene Kompositionen Richard Wagners (1813-1883) für das Klavier. Im Laufe der Jahre baute er sich eine bedeutende Kunstsammlung aus Majolika, Gemälden, Gold- und Silberschmiedekunst der Renaissance auf.

Mutter Hedwig Pringsheim war die Tochter der Frauenrechtlerin Hedwig Dohm (1831-1919) und des Redakteurs der Satirezeitschrift *Kladderadatsch* Ernst Dohm (1819-1883). Katias Großmutter, die Romane schrieb, galt mit ihrem Buch *Der Frauen Natur und Rechte* (1876) als eine der Vorkämpferinnen auf diesem Gebiet. Für sie war Katias Mutter die begabteste und schönste Tochter.

In Berlin aufgewachsen, verfolgte Katias Mutter seit frühester Jugend ihre Leidenschaft für das Memorieren und Deklamieren von langen Gedichten. Sie hatte eine gute Stimme. Für einige Zeit gehörte sie der Theatergruppe die „Meininger“ an, die in den siebziger und achtziger Jahren des 19. Jahrhunderts mit Erfolg klassische Stücke aufführte. Hedwig litt unter Lampenfieber und den Machtkämpfen zwischen den Kolleginnen. Schon aus diesen Gründen kam es ihr entgegen, dass Alfred Pringsheim ihr einen Antrag machte und sie mit 23 Jahren „von der Bühne“ weg heiratete. Ihre Schauspielkarriere war damit beendet.

Katia kam auf verschiedene Weise privilegiert zur Welt, denn sie wuchs als einziges Mädchen mit ihrem Zwillingsbruder Klaus (1883-1972) und drei weiteren Brüdern (Erik 1879-1908, Peter 1881-1963, Heinz 1882-1974) in wohlhabenden und liberalen Verhältnissen auf. In *Meine ungeschriebenen Memoiren* heißt es: „Meine Eltern machten, wie man so sagt, ein ziemliches Haus.“ (K. Mann 1999, S. 14)

Ihre Herkunftsfamilie bewohnte ein herrschaftliches Palais an der Münchner Arcisstraße, das als eines der bedeutendsten geistig kulturellen Zentren des alten Münchens galt. Zu den Gästen gehörten z.B. die Komponisten Richard Strauss (1864-1949), Max von Schillings (1868-1933), die Maler Friedrich August von Kaulbach (1850-1920), Franz von Lenbach (1836-1904), Franz von Stuck (1863-1928), die Schriftstellerinnen Franziska zu Reventlow (1871-1918), Else Lasker-Schüler (1869-1945), der Schriftsteller Hugo von Hofmannsthal (1874-1929) und viele andere der Münchner gesellschaftlich-künstlerischen Kreise.

Der Maler Friedrich August von Kaulbach war während eines Kostümballs von den Pringsheim-Kindern so begeistert, dass er sie in dem Bild „Kostümball" festhielt. Dieses Bild fand Verbreitung und später stellte sich heraus, dass Thomas Mann (1875-1955), lange bevor er Katia persönlich kannte, eine Reproduktion dieses Bildes in seinen Räumen zu hängen hatte.

Einerseits privilegiert und behütet aufgewachsen, hatte Katia andererseits eine verwirrend-beunruhigende Familienatmosphäre voller widersprüchlicher Verhaltensweisen, Erwartungen und Wertvorstellungen zu verkraften. Dazu gehörte, dass sich die Kinder mit den wechselnden Liebschaften des Vaters auseinandersetzen und diese akzeptieren sollten. So war das Verhältnis Alfred Pringsheims mit der berühmten Wagner-Sängerin Milka Ternina (1863-1941) stadtbekannt. Die schöne junge Frau war häufig Gast bei der Familie und sollte von Gattin Hedwig und den Kindern als Freundin des Hauses betrachtet werden. Vordergründig scheint dies geklappt zu haben, aber eine Szene, die Hedwig Pringsheim 1891 in dem von ihr über Katia geführten „Kinderbüchlein" festhielt, wirft andere Fragen auf:

> Wir sitzen am Theetisch, ich meine, Alfred, der noch fehlt, trinke gewiß bei Milka Thee. Kati: ‚Der Fay spielt Milkatz überhaupt sehr den Hof; er wird sie wohl heiraten wollen, auf ein Jar, bis sie ein Kind hat; dann wird er wiederkommen und sich mit dem Kind protzen, als wenn es gescheidter wäre, als wir fünf, aber dann jagen wir Milka mit'n Kind fort.' Das erzäle ich Alfred, der Kati fragt, wie er denn den Hof spiele. ‚Ja', sagt Kati, ‚du gehst halt immer Theetrinken zu ihr, und gibst ihr den Arm und applaudirst im Theater ... Du bist wie ein Witwer, der eine andere will'. (Pringsheim, zit. in: Jens/Jens 2004, S. 30)

Die achtjährige Katia sprach hier Gedanken, ja Sorgen und Befürchtungen aus, die sie vielleicht den Tuscheleien der Hausangestellten oder vertraulichen Gesprächen der Mutter mit ihren Freundinnen abgelauscht hatte. Sie versuchte sich das Gebaren des Vaters und die Rolle der Mutter, die sich auf dem schmalen Grat zwischen Nonchalance, Großzügigkeit und Liberalität einerseits und Entwürdigung andererseits bewegte, zu erklären.

So wurde Katia mit den daraus resultierenden Stimmungen – das Liberale einerseits, das Bedrückende andererseits – von Kindheit an konfrontiert. Vielleicht traf sie deshalb als Fünfjährige die Entscheidung, die ihre Mutter in ihrem „Kinderbüchlein" ebenfalls von Katia festhielt:

> Ich heirate nicht, denn man kann ja glauben, ein Mann ist sehr brav, und wenn man geheiratet ist, dann merkt mer, er ist sehr bös, da ist's doch besser, mer heiratet sich erst garnicht, und ich bleib bei meinem Mutterl. (Pringsheim, zit. in: Jens/Jens 2004, S. 38)

Dass Katia bereits in diesem Alter alle Ehemänner (also auch den eigenen Vater in seiner Rolle als Ehemann) als böse bezeichnete, bestätigt, dass sie schon sehr früh Themen ausgesetzt war, die den Erfahrungsradius eines Kindes überschritten. Möglicherweise folgerte Katia daraus, dass Weiblichkeit gleichzusetzen ist mit Demütigung und Ausgeliefertsein. Auch könnte ihr früh geäußerter Wunsch, lieber ein Knabe als ein Mädchen sein zu wollen, daraus resultieren. Ihre Tochter Elisabeth Mann Borgese (1918-2002) bestätigte im Alter, dass ihre Mutter ihr gegenüber wiederholt bedauert habe, nicht als ein Junge zur Welt gekommen zu sein. Bereits als kleines Mädchen habe Katia die Behauptung aufgestellt, dass mit ihrem Zwillingsbruder Klaus etwas schiefgelaufen sein müsse, denn eigentlich wäre er das Mädchen und sie der Junge.

Nein, mädchenhaft wollte Katia nicht sein, dies suchte sie zeitlebens zu vermeiden, indem sie stets bemüht war, ihr Gesicht zu wahren und Haltung zur Schau zu tragen. Die dafür erforderliche Ichstärke kann man ihr im Verlauf ihres Lebens attestieren. Sie wird auch darin deutlich, dass sie in der Lage war, Schweigen über für sie wichtige Lebensbereiche wahren zu können.

Bildungsweg

In der häuslich mondänen, aber auch bildungsbegeisterten Umgebung wurde Katia eine exquisite Ausbildung zuteil: Ab ihrem siebten Lebensjahr erhielt sie Privatunterricht und bestand 1901 – als Externe am Münchner Wilhelmsgymnasium zugelassen – ihr Abitur glänzend. Sie erzählte später darüber:

> Das Ganze war ja furchtbar leicht, und ich lernte nicht schwer. Es ging sehr schnell. Wenn man allein ist, lernt man viel schneller. (K. Mann 1999, S. 12)

Man lernt wohl schneller, versäumt aber auch viel. Es ist etwas anderes, im Schutz des reichen Elternhauses und/oder der brüderlichen Gemeinschaft unterwegs zu sein, als sich in fremder Gesellschaft Freundschaften aufzubauen, die nicht darauf basieren, dass man Teil einer bestimmten Gesellschaftsschicht ist und deren Lebenseinstellung und Werte repräsentiert. In den Freundschaften gelten andere

Regeln, die auch ein gewisses Maß an Ablösung von den Eltern erfordern. Da geht es nicht mehr um das „Wir-Gefühl" der Familie, sondern um Individuation. Freundschaften und Beziehungen sind geschützte Orte, an denen man sich in vielfältigen menschlichen Facetten ausloten kann. Das war Katia in dieser Zeit eigentlich nicht möglich, sie blieb im vertrauten Familienkreis unter ihresgleichen. Denn die Familie Pringsheim war nicht nur Teil einer Elite, die etwas zu repräsentieren versuchte, sondern auch eine verschworene Gemeinschaft. Vertrauensvolle Freundschaften konnten dabei nur schwerlich entstehen. Vielleicht war es auch gar nicht erwünscht, denn es galt das Motto, man trägt nichts nach außen, man beschmutzt nicht das eigene Nest. Dem intensiven Briefwechsel zwischen Katia und ihrer Mutter ist zu entnehmen, dass die Mutter über lange Zeit ihre engste Vertraute, ja einzige Freundin war.

Wie erlernt aber jemand, der sein Vertrauen überwiegend nur Mutter, Vater, Brüdern schenkt, die Kunst des sich Einfühlens in andere Menschen? Fast erschreckend mutet es an, dass die weit über fünfzigjährige Katia an ihre Freundin Molly Shenstone, die sie drei Jahre zuvor in Princeton kennen gelernt hatte, am 5.2.1941 schrieb:

> Liebste Molly, ich vermisse dich mehr als ich ausdrücken kann. Denn wenn ich mich an alle Freundschaften von mir erinnere – schon so langes Leben muss ich feststellen, dass ich nie einen Freund hatte, den ich wirklich mochte. (K. Mann, zit. in: Jens/Jens 2004, S. 225, Übersetzung S. 295)

Nach dem Abitur hatte Katia mit 17 Jahren ein Studium der Mathematik und Physik begonnen. Im Nachhinein meinte sie zwar, keine große Begabung für diese Fächer gehabt zu haben, fragte sich aber dennoch:

> Vielleicht hätte ich zu Ende studiert und auch Examina gemacht. Ich hatte ja erst vier oder sechs Semester studiert, als ich heiratete, und wie ich dann verheiratet war, kam bald das erste Baby, und dann sofort das zweite Baby, und sehr bald kam dann das dritte und vierte. Da war's aus mit dem Studium. (K. Mann 1999, S. 13f.)

Warum eigentlich? Hätte Katia nicht die Möglichkeit gehabt, ihr Studium fortzusetzen? Zu Anfang des Jahrhunderts scheint dies für Mädchen aus ihren Kreisen eher ungewöhnlich gewesen zu sein. Sehr zum Bedauern Hedwig Dohms, ihrer feministischen Großmutter. Diese vertrat andere Zukunftspläne für junge Frauen und insbesondere für ihre Enkelin Katia. Selbst Katias Mutter, so ist es deren intensivem Briefwechsel mit Maximilian Harden (1861-1927, Publizist) zu entnehmen, besuchte zwischen 1901 und 1916 als Gasthörerin u.a. die Ethik-Vorlesungen von Prof. Theodor Lipps (1851-1914) an der Ludwig-Maximilian-Universität.

Frühe Ehejahre

Allgemein galt Katia als eines der begehrtesten Mädchen Münchens und hatte einige Verehrer. Auf Fotos wirkt sie hübsch und apart, mit mustergültiger Haltung, etwas gelangweilt, ein wenig spöttisch. In *Meine ungeschriebenen Memoiren* erzählte Katia später:

> In meiner Jugend war ich, glaube ich, recht hübsch. Das Traurige ist, daß ich es gar nicht wußte. Es hat eigentlich nie jemand in meiner Familie die Freundlichkeit gehabt, es mir zu sagen. Da meine Mutter eine berühmt schöne Frau war und eine meiner beiden Großmütter, die Mutter meines Vaters, immer, wenn sie mich sah, mir nur sagte: Ach, die Mutter erreichst du ja nie! habe ich mich auch damit abgefunden. Ich hatte gar keine hohe Meinung von meinen äußeren Reizen und wußte nichts davon. Schade eigentlich. (K. Mann 1999, S. 18)

Thomas Mann hatte die junge Frau während einer gemeinsamen Tramfahrt auf dem Wege zur Universität dabei beobachtet, wie sie den Fahrscheinkontrolleur keck in ein Wortgefecht verwickelte, ohne Fahrschein ausstieg und den Mann zwar schimpfend, aber verblüfft zurückgelassen hatte. Im Frühjahr 1904 arrangierte er es, dass er mit Katia auf einer Einladung der Schriftstellerin Elsa Bernstein (1866-1949, Pseudonym Ernst Rosmer) wieder zusammentraf. In dem Briefwechsel mit seinem Bruder Heinrich Mann (1871-1950) gab Thomas zu, um Katia Pringsheim für sich einzunehmen, „in Wort und That eine unglaubliche Initiative an den Tag gelegt zu haben".

Schon in seinen ersten Liebesbriefen brachte er aber auch klar zum Ausdruck, was er von ihr später erwartete. Anfang Juni 1904 finden sich folgende Zeilen an Katia:

> Was ich von Ihnen erbitte, erhoffe, ersehne, ist Vertrauen, ist das zweifellose Zumirhalten selbst in einer Welt, selbst *mir selbst* gegenüber, ist etwas wie Glaube, kurz – ist Liebe ... Diese Bitte und Sehnsucht. ... Seien Sie meine Bejahung, meine Rechtfertigung, meine Vollendung, meine Erlöserin, meine – Frau! (T. Mann, zit. in: Wüstner 2011, S. 24)

Oder an anderer Stelle:

> Aber ich liebe Sie ja, Herrgott noch mal, verstehen Sie denn nicht, was das heißt? ... Meine Frau sollen Sie <sein> und mich unsinnig stolz und glücklich dadurch machen! (T. Mann, zit. in: Harpprecht 1996, Bd.1, S. 242)

Katia beschrieb ihre damalige Befindlichkeit in *Meine ungeschriebenen Memoiren* mit den Worten:

> Aber ich dachte nicht daran zu heiraten, selbst nicht, als ich Thomas Mann kennenlernte und er sich für mich interessierte. Ich habe das nicht so sehr ernst genommen und wäre nicht auf den Gedanken gekommen, ihn zu heiraten. Es ging von ihm aus. (K. Mann 1999, S. 18f.)

> Ich war ... auch nicht so sehr enthusiasmiert ... Ich war zwanzig und fühlte mich sehr wohl und lustig in meiner Haut, auch mit dem Studium, mit den Brüdern, dem Tennisklub und allem, war sehr zufrieden und wußte eigentlich gar nicht, warum ich nun schon so schnell weg sollte. (K. Mann 1999, S. 28f.)

Auch ihre Familie stand Thomas Mann vorerst skeptisch gegenüber. Obwohl er als Schriftsteller mit seinem 1901 veröffentlichten Debütroman *Buddenbrooks* erste Erfolge vorzuweisen hatte, wünschte sich Katias Vater für sie einen Ehemann mit einem bürgerlich solideren Beruf. Ende 1904 schrieb Thomas Mann an seinen Bruder Heinrich:

> Es gilt andauernd, sich menschlich stramm zu halten, und oft genug läuft das ganze ‹Glück› auf ein Zähne zusammenbeißen hinaus. ... große seelische Strapaze. Die Verlobung – auch kein Spaß ... Die absorbirenden Bemühungen, mich in die neue Familie einzuleben, einzupassen (soweit es geht). Gesellschaftliche Verpflichtungen, hundert neue Menschen, sich zeigen, sich benehmen. (T. Mann, zit. in: Harpprecht 1996, Bd.1, S. 249f.)

Die sehr intensive Werbungszeit Thomas Manns führte letztendlich zum Erfolg. Er konnte Katia erobern und sie am 11. Februar 1905 standesamtlich in München heiraten. Das Paar bezog eine von Katias Vater luxuriös ausgestattete Wohnung in der Nachbarschaft der Eltern.

Was Katia letztendlich zu dieser Entscheidung bewegt hatte, bleibt unklar. Vielleicht konnte sich ihre feministische Großmutter Hedwig Dohm in ihren Aussagen über Vernunftehen bestätigt sehen, wenn sie schrieb:

> Mitbestimmend oft ist: Die Sehnsucht nach dem eigenen Heim, nach einem Tätigkeitsgebiet, nach einem Kind, nach einem Menschen, dem sie etwas sein kann, gewissermaßen einem Abnehmer ihrer suchenden, überschüssigen Gefühle. In jüdischen Kreisen [...] sind die Vernunftsheiraten vorherrschend, allerdings mit einem Einschlag persönlicher Sympathie. Und diese Ehen sind in den weitaus meisten Fällen glücklich. Das gibt zu denken. (Dohm, zit. in: Wüstner 2011, S. 25)

Hatte Thomas Mann, trotz aller Erschöpfung, nun sein Glück erreicht? An seinen Bruder Heinrich schrieb er:

> Das «Glück» ... sei schlechterdings nicht geeignet, Ruhe und Behagen und Skrupellosigkeit ins Leben zu bringen ... zur Erleichterung und Erheiterung beizutragen ... Ich habe das gewußt. Nie habe ich das Glück für etwas Leichtes und Heiteres gehalten, sondern stets für etwas so Ernstes, Schweres und Strenges wie das Leben selbst – und vielleicht *meine* ich das Leben selbst. Ich habe es mir nicht ‹gewonnen›, es ist mir nicht ‹zugefallen›, – ich habe mich ihm *unterzogen*: aus einer Art Pflichtgefühl, einer Art von Moral, einem mir eingeborenen Imperativ. (T. Mann, zit. in: Harpprecht 1996, Bd.1, S. 250)

Wachsende Familie

Im November 1905 kam als erstes Kind Erika zur Welt, was Thomas Mann seinem Bruder Heinrich gegenüber mit folgenden Zeilen kommentierte:

> Es ist also ein Mädchen: eine Enttäuschung für mich, wie ich unter uns zugeben will, denn ich hatte mir sehr einen Sohn gewünscht und höre nicht auf, es zu thun. Warum? ist schwer zu sagen. Ich empfinde einen Sohn als poesievoller, mehr als Fortsetzung und Wiederbeginn meiner selbst unter neuen Bedingungen. Oder so. Nun er braucht ja nicht auszubleiben. Und vielleicht bringt mich die Tochter innerlich in ein näheres Verhältnis zum ›anderen‹ Geschlecht, von dem ich eigentlich, obwohl Ehemann, noch immer nichts weiß. (T. Mann, zit. in: Harpprecht 1996, Bd.1, S. 267)

Aber auch Katia erzählte später mit erschreckender Offenheit: „Es war also ein Mädchen, Erika. Ich war sehr verärgert. Ich war immer verärgert, wenn ich ein Mädchen bekam, warum, weiß ich nicht." (K. Mann 1999, S. 33)

Dass Katia Mann ihr Studium bald aufgegeben hatte, war sicher auch aus der Haltung von Thomas Mann heraus motiviert, der im April 1904 an sie schrieb:

> Denn wenn ich es auch gewöhnlich nicht wahrhaben will, so will ich es Ihnen doch nur einmal gestehen, daß ich im Grunde ein bischen eifersüchtig auf die Wissenschaften bin und heimlich eine teuflische Freude habe, wenn Sie sie recht gründlich vernachlässigen. Dies ist altmodisch, sentimental und gemein, ich weiß es! und ich werde es ja auch nie wieder laut werden lassen. (T. Mann, vgl. Krüll 2010)

In der Ehe bzw. dem Schriftstellerhaushalt übernahm Katia schon bald die Leitung der geschäftlichen Angelegenheiten. Sie besorgte die Verlagskontrakte, kontrollierte Interviews, erledigte Bücher- und Manuskriptbegutachtung, Wohltätigkeit, menschliche Beratung usw. Kurz, sie entlastete ihren Mann durch die Organisation äußerer Pflichten und trug dazu bei, den geregelten Tagesablauf, der Grundvoraussetzung für Thomas Manns schriftstellerische Arbeit war, von Störungen frei zu halten. Sie schrieb originelle Briefe, war ihres Mannes Muse und literarische Kundschafterin, seine erste Lektorin. Neben all dem übersetzte sie den Roman *Jahrmarkt der Eitelkeit* von William M. Thackeray aus dem Englischen ins Deutsche.

Dies bewältigte sie alles trotz der in rascher Folge zu gebärenden Kinder Erika (1905-1969), Klaus (1906-1949), Golo (1909-1994) und Monika (1910-1992). Katia galt auch über ihre ganze Lebenszeit hin als das kommunikative Zentrum der Familie. Von den insgesamt ca. 2.000 überlieferten Briefen an Familienmitglieder stammen 563 von ihr. Sie versorgte die Familienmitglieder in ihren Briefen mit Nachrichten, berichtete über den Vater und die anderen, seltener von sich. Von ihren Kindern forderte sie regelmäßig schriftliche Lebenszeichen. Der Briefwechsel zwischen den Eheleuten Mann, der nur in geringem Maße erhalten ist, zeigt einen liebevollen Umgang auf Augenhöhe, Katia informierte ihren Mann, beriet, ermunterte und kritisierte ihn.

Während eines Kuraufenthaltes beschrieb Katia ihr Schicksal als „orba“ (die Verwaiste, MS). In dieser Gefühlslage entwickelte sie den Gedanken, durch eine erneute Schwangerschaft eine positive Veränderung herbeiführen zu können – obwohl sie an anderer Stelle munter zugibt, dass die Pädagogik nicht zu ihren Stärken gehöre.

Erster Weltkrieg

Während und nach dem Ersten Weltkrieg war auch die Familie Mann von den wirtschaftlichen Versorgungsmängeln betroffen. In dieser Situation mobilisierte Katia alle ihre Kräfte, fuhr unermüdlich mit dem Fahrrad in und um München herum und besorgte auf legale und illegale Weise Nahrungsmittel für ihre Familie. Und, sie wurde wieder schwanger. Im April 1918 kam Elisabeth zur Welt. Sie wurde für den Vater unverzüglich und unverbrüchlich das Lieblingskind; aber auch Katia kam zeitlebens mit der „Medi“ am besten aus.

Der im Folgejahr geborene und gegen die Intervention der Ärzte ausgetragene Sohn Michael, Bibi genannt, scheint den Zeilen Katias nach nicht den Vorstellungen seines Vaters entsprochen zu haben. Aus ihrer Kur in Oberammergau schreibt sie an ihren Mann zu dessen 45. Geburtstag:

> Noch nie habe ich Dir schriftlich zum Geburtstag gratuliert, wünsche Dir also innigst Glück und daß Du noch recht viel Meisterhaftes schaffst und immer höher steigst im Ruhm, auf dessen Höhe Du jetzt schon freilich stehst. Und wir wollen auch immer gut zueinander sein, und ich will Dir auch noch ein feines Söhnlein schenken, weil ich doch mit dem Bibi Deinen Geschmack so gar nicht getroffen habe. (K. Mann, zit. in: Wüstner 2011, S. 101f.)

Katia selbst blieb – nach Aussagen Erikas – um ihren Jüngsten immer besonders besorgt und ließ ihm fast alles durchgehen. So gelang es ihr zum Beispiel zeitlebens nicht, sich gegenüber seinen überhöhten Geldforderungen oder sonstigen Wünschen adäquat abzugrenzen, sie gab immer wieder nach.

Die Anforderungen an Katia wuchsen zunehmend und brachten sie an gesundheitliche Grenzen. Wegen mehrfacher Lungenerkrankungen musste sie längere Sanatoriumsaufenthalte absolvieren. Selbst in solchen Zeiten war sie bemüht, in ihren Briefen den Haushalt aus der Ferne zu organisieren. So übertrug sie der 15 Jahre alten Tochter Erika die verantwortliche Haushaltsführung und teilte ihr brieflich genau mit, welche Anweisungen diese dem Dienstpersonal im Hause Mann zu geben und wie sie alles und alle zu kontrollieren habe.

Den Briefen Katias ist gelegentlich während eines Sanatoriumsaufenthaltes auch Melancholie zu entnehmen, wenn sie zum Beispiel an Thomas Mann aus Oberstdorf am 2. Oktober 1920 schreibt:

> Ich erwarte alle Briefe von zuhause mit großer Ungeduld und lese jeden mehrfach, sodaß ich den Inhalt, ganz aufnehme ... ich bekomme den Eindruck, als ob meine Briefe, als Lebenszeichen natürlich notwendig und erwünscht, doch in Bezug auf ihren Inhalt ... einigermaßen gleichgültig wären, und als ob Deine Gedanken, nachdem Du einmal weißt, daß alles hier seinen ordnungsgemäßen Gang geht, sich nicht eben viel mit mir und meiner augenblicklichen Daseinsform beschäftigten. ... Und ich bin doch nicht so albern, zu wünschen, daß Du mir beständig oder überhaupt schreiben sollst, wie sehr ich Euch fehle. Es muß mich natürlich freuen und beruhigen, wenn ich sehe, daß es eine Weile auch ganz ordentlich ohne mich geht. Aber manchmal scheint es mir, als ob es genau so gut, oder vielleicht sogar noch ein bißchen besser ginge. Und das erschüttert mich natürlich einigermaßen. ... und da denke ich doch manchmal, daß ich mein Leben nicht ganz richtig eingestellt habe, und daß es nicht gut war, es so aus-

> schließlich auf Dich und die Kinder zu stellen. Aber nun schon genug, und übergenug davon! (K. Mann, zit. in: Lahme et al. 2016, Brief 4)

Darüber hinaus zeugen ihre Briefe von enormem Beobachtungstalent. Ihre Berichte machte sich Thomas Mann häufig für sein Romanwerk zunutze. Ein Beispiel dafür waren ihre detaillierten Mitteilungen von 1924 während ihres Sanatoriumlebens in Davos. Thomas Mann verarbeitete sie in seinem Roman *Der Zauberberg* (1924).

Auch ihr grundsätzliches Interesse an den Geschehnissen ihrer Zeit ist klar erkennbar, etwa wenn Katia Mann im März 1925 ihrem Ehemann aus Berlin bewegt von den Trauerfeierlichkeiten für den früh verstorbenen Reichspräsidenten Friedrich Ebert (1871-1925) berichtete und dabei auch leise Kritik anklingen ließ: Thomas Manns, für die *Frankfurter Zeitung* geschriebener, Nachruf auf den Sozialdemokraten, der in der umkämpften Anfangszeit der Weimarer Republik ein Garant für Stabilität war, ließ die alte Skepsis gegenüber der Demokratie und ihre Repräsentanten, die wie Ebert einen „Zug von Kleinbürgerlichkeit" aufwiesen, durchklingen. Er sei doch ein hochverdienter Mann gewesen, schrieb Katia Mann am 4. März 1925, und sie denke, Thomas Manns „Artikel in der Frankfurter war am Ende ein bisschen zu leicht im Ton" (K. Mann, zit. in: Lahme et al. 2016, Brief 19). Wenig später, als ein neuer Präsident gewählt werden musste, war es wiederum Katia Mann, die brieflich darauf einging und ihrem Mann den Ärger über ihre Bediensteten mitteilte.

> Die Damen ärgern mich auch durch malkontentes, unverschämtes Wesen. An der Präsidentenwahl wollen sie sich unter keinen Umständen beteiligen, weil dieser Staat nicht genug für seine Bürger tue. Was er genau genommen für die Damen Tina und Emilia tuen sollte, ist mir ja nicht ganz klar, vielleicht wäre es seine Pflicht gewesen, ihnen goldene Staatsgebisse zu stiften. (K. Mann, zit. in: Lahme et al. 2016, Brief 20)

Wie wichtig es für Katia Mann war, ihren Thomas zu bestärken und zu ermuntern, belegt der bewegende Brief, den sie ihm während seiner allein unternommenen Reise nach Ägypten schrieb. Er recherchierte für den geplanten Joseph-Roman und hatte ihr in melancholischer Stimmung geschrieben. Ihre Antwort lautete:

> Daß ich Dir so fehle! Hätt' es nicht gedacht, aber es tut mir doch sehr leid, wenn tatsächlich die Reise dadurch beeinträchtigt werden sollte. ... Weißt Du, Du fehlst mir auch recht, Du mein Pilz, und ich komme mir mit den beiden Kleinen im Haus doch recht einsam vor. ... Denn reden kann ich doch eigentlich nur mit Dir. (K. Mann, zit. in: Lahme et al. 2016, Brief 20)

Mit einem ausführlichen Bericht von der Familie, Münchner Anekdoten und Kinderbeilagen bemühte sie sich darüber hinaus, ihn auf bessere Gedanken zu bringen.

Auch zeugen die Briefe Katias von ihrem Elan, mit dem sie die große Familie steuerte und zusammenhielt. Wie sie die Aufgabe als Ehefrau, Beraterin und Managerin des berühmten Schriftstellers annahm, aber auch, wie sehr sie den zunehmenden Ruhm Thomas Manns genoss, wenn es in einem ihrer Briefe heißt: „Im Laufe des Gesprächs entblößte ich meinen Stern und verfehlte nicht meinen Eindruck." (K. Mann, zit. in: Lahme et al. 2016, Brief 19)

Die Ehe zwischen Thomas und Katia Mann war dennoch alles andere als leicht. Klaus Mann, der genaue Beobachter und feinfühlende Sohn seiner Eltern, fand später diese Worte:

> Ihre Ehe war nicht die Begegnung zweier polarer Elemente; eher handelte es sich wohl um die Vereinigung von zwei Wesen, die sich miteinander verwandt wußten – um ein Bündnis zwischen zwei Einsamen und Empfindlichen, die gemeinsam einen Kampf zu bestehen hofften, dem jeder für sich vielleicht nicht gewachsen wäre. (Klaus Mann, zit. in: Schröter 1986, S. 77)

Auch war die homosexuelle Komponente in der Persönlichkeitsstruktur des Dichters bereits früh in der Familie ein offenes Geheimnis. In den Tagebüchern Thomas Manns lesen wir sogar, dass der heranwachsende und schöne Jüngling Klaus beim Vater sexuelle Anwandlungen erregte. Später wurde für einige Zeit der Sohn eines Freundes ins Haus genommen und Thomas Mann wandte sich ihm in so zärtlicher Innigkeit zu, dass sie hart an die Grenzen des Schicklichen reichte.

In seine Dichtungen führte er diese sexuellen Neigungen bereits in sublimierter Gestalt in *Tonio Kröger* (1903) und *Tod in Venedig* (1912) ein. Persönlich teilte er diese, vor der Welt verborgene und in die Literatur transformierte Neigung, in einem Brief vom 19. Oktober 1927, seinen ältesten Kindern mit. Er berichtete ihnen von seiner Verliebtheit in den achtzehnjährigen Klaus Heuser (1909-1994): „Ich nenne ihn Du und habe ihn beim Abschied mit seiner ausdrücklichen Zustimmung an mein Herz gedrückt." An Sohn Klaus, der seine Homosexualität in aller Offenheit auslebte und auch in seinen Romanen thematisierte, richtete er die Worte: „Eissi ist aufgefordert, freiwillig zurückzutreten und meine Kreise nicht zu stören. Ich bin schon alt und berühmt, und warum solltet ihr allein darauf sündigen?" (T. Mann, zit. in: Lahme et al. 2016, Brief 29)

Katias Kommentar vom 19. Oktober 1927 zur Verliebtheit ihres Mannes klingt zumindest vordergründig leicht, wenn sie an ihre beiden Ältesten schreibt:

> „Kläuschen Heusers Besuch liegt auch schon wieder weit zurück, er ist ein lieber Knabe, aber der Zauberer gab sich dann doch allzu Jakobhaft seinem Gefühl hin". (K. Mann, zit. in: Lahme et al. 2016, Brief 28)

Briefe und Dokumente späterer Zeiten machen immer wieder deutlich, dass Katia Mann vom Beginn ihrer Ehe an einen sicheren Instinkt für Details und Konstellationen entwickelt hatte und damit der Arbeit ihres Mannes förderlich sein konnte. Sie versorgte ihn durch lebhafte und plastische Erzählungen von Geschehnissen aus ihrem Umkreis, mit Episoden, die Thomas Mann für seine Buch-Projekte nutzen konnte. Ebenso war sie eine gute Zuhörerin. Das Paar pflegte bereits seit jungen Ehejahren ein Ritual: Thomas Mann las Katia jeden Abend das in den Vormittagsstunden Geschriebene vor.

Zur Silberhochzeit huldigte der Schriftsteller öffentlich seiner Frau mit den Worten:

> Das „Bündnis" mit der Frau, die mein Leben teilt – dies schwierige, Geduld vor allem erfordernde, aber leicht ermüd- und verstörbare Leben, von dem ich nicht weiß, wie es sich ohne den klugen, tapferen und zart-energischen Beistand der außerordentlichen Gefährtin auch nur, wie geschehen, hätte behaupten sollen. (T. Mann, zit. in: Schröter 1986, S.77)

Katia Mann geriet jedes Jahr solidarisch mit ihrem Thomas erneut in Unruhe, wenn es um die Verleihung des Nobelpreises ging, denn Jahr für Jahr galt er als einer der aussichtsreichsten Kandidaten. 1929 war es endlich so weit: Thomas Mann erhielt für *Die Buddenbrooks* den Literatur-Nobelpreis. Katia schrieb am 13. Dezember 1929 aus Stockholm an ihre Tochter Erika:

> Beim Bankett hat er ja bei Weitem den Vogel abgeschossen – mein Gott, die anderen waren ja auch nur Männer der Naturwissenschaften und des fachlichen Wissens – und sprach so schön. ... Eine Gräfin Rosen ... sagte mir heute, das Ergreifendeste, was sie je gesehen, sei *mein* Gesicht gewesen, während mein Mann *so* herrlich über Deutschland gesprochen, so von tiefster Vaterlandsliebe durchdrungen, sie konnte den Blick nicht abwenden. Was einem doch alles begegnet! (K. Mann, zit. in: Lahme et al. 2016, Brief 34)

Weg ins Exil

Die Manns hatten gehofft, dass der Ansturm der Nationalsozialisten auf die Herrschaft in Deutschland längst abgewehrt sei, die Realität zeigte sich anders, Adolf

Hitler (1889-1945) wurde im Januar 1933 zum Reichskanzler ernannt. Für die Familie war es vorerst nicht zu überblicken, wie sich diese Entwicklung in Deutschland für sie zukünftig auswirken könnte. Im März 1933, als sich Thomas und Katia Mann in Lugano aufhielten, richtete Golo Mann den dringenden Rat an sie, vorerst unbedingt im Ausland zu bleiben. (vgl. Lahme et al. 2016, Brief 44) In Deutschland hatten die nationalsozialistischen Behörden bereits damit begonnen, das Eigentum der Familie Mann zu konfiszieren.

Thomas Mann fühlte sich während der Zeit unsicher, wie mit dieser Situation umzugehen wäre. Über Monate hinweg war er nicht in der Lage, literarisch tätig zu sein. Katia Mann, so ist es der Korrespondenz mit den Kindern zu entnehmen, analysierte die Lage und mögliche Konsequenzen klarer. Auch Klaus Mann hatte eindringlich davor gewarnt, nach Deutschland zurückzukehren. Er schrieb aus Paris am 12. April 1933 einen Brief an Katia, der aber indirekt an den Vater gerichtet klingt:

> Natürlich sind das sehr komplizierte Dinge, die wohl hin und her bedacht zu werden verdienen, und die entscheidende Frage bleibt immer, ob man weiter an die Möglichkeit denkt, doch noch nach Deutschland zurückzukehren. Nach meiner Überzeugung wird dies für uns alle nicht möglich sein. ... Wenn man *nicht* zurückgeht, muss natürlich etwas anderes geschehen, sonst geht es einem wie Einstein; und ein illegaler Weg ist kaum ratsam. – Vielleicht ganz blöd, das zu schreiben, da du es ja ebenso genau übersiehst und schliesslich warst du ja von Anfang an die Klügste und hast als Erste gewusst, dass man fort muss. Nur habe ich das Gefühl, dass man jetzt nicht mehr warten darf, und das beunruhigt mich etwas. (Klaus Mann, zit. in: Lahme et al. 2016, Brief 46)

Für Erika und Klaus Mann brachte die historische Zäsur von 1933 auch eine persönliche mit sich. Nicht allein aufgrund der Entscheidung ins Exil zu gehen, sondern auch, weil sich die charmanten, zu Überheblichkeit und Leichtlebigkeit neigenden Geschwister, für die bisher nichts im Leben wirklich ernst zu sein schien, mit einem Mal zu entschlossenen politischen Kämpfern aufgerufen fühlten: Erika Mann mit ihrem politisch-literarischen Kabarett *Die Pfeffermühle* und Klaus Mann als Autor und Herausgeber der antifaschistischen Exil-Literaturzeitschrift *Die Sammlung*.

Familiäre Konflikte

Bei aller Tüchtigkeit belastete es Katia weiterhin, dass sich weder Erika noch Klaus von ihrem Partyleben und den rasch wechselnden Liebesbeziehungen lösten, noch ihren Drogenkonsum einstellen konnten. Klaus unterzog sich zwar mehrfach Entgiftungen und ärztlichen Behandlungen, was aber auf Dauer erfolglos blieb.

Eine zusätzliche Schwierigkeit stellte der Umgang ihrer Kinder mit Geld dar, denn Katia war für die Finanzen zuständig. Obwohl alle Kinder geregelte monatliche finanzielle Zuwendungen erhielten, forderten sie sehr häufig in ihren Briefen zusätzliches Geld von ihr. Vorrangig reagierte sie darauf recht ungehalten in ihren Antwortbriefen, überwies ihnen letztendlich aber doch Geld oder bezahlte hohe Schulden z.B. für Erika, Klaus oder Michael.

Im April 1933, als Klaus seine Sorgen um die Zukunft der Familie mehrfach mitteilte, finden sich in Katias Antwort vom 16. April 1933 folgende Zeilen:

> Daß ich auf *zwei* Briefe von Dir zu antworten hatte, in denen obendrein nichts von Geldsendung stand, ist wohl wirklich einzigartig in der Geschichte unserer epistolaren Beziehungen und ein Zeichen, wie sehr die Zeit außer Rand und Band geraten. ... Eben kam ein Expressbrief von Loerke (Oskar Loerke, 1884-1941, Lektor beim S. Fischer-Verlag, MS), der ja nach wie vor der Meinung ist, wir sollten *ruhig* baldmöglichst zurückkehren. Aber mir scheint doch, daran ist nicht zu denken. (K. Mann, zit. in: Lahme et al. 2016, Brief 47)

Katias diplomatische Fähigkeit war 1936 besonders gefordert. Die Familienmitglieder, die sich zu der Zeit entweder in der Schweiz, in Frankreich oder in Holland ihre Exilstationen gesucht hatten, waren über die Frage, ob und wie man öffentlich gegen das „Dritte Reich“ kämpfen sollte, in Konflikt geraten. Der drohenden Eskalation ging voraus, dass Thomas Mann sich öffentlich vor seinen Verleger Gottfried Bermann Fischer (1897-1995) gestellt hatte, nachdem dieser die Emigration des S. Fischer-Verlages geplant hatte und in der Exilzeitschrift *Das Neue Tage-Buch* als „Schutzjude“ der Nationalsozialisten diffamiert wurde. Erika warf daraufhin ihrem Vater voller Empörung vor, er würde sich damit gegen die Emigranten wenden, und drohte mit dem Abbruch ihrer Beziehung zu ihm. Nachdem zusätzlich in einem Zeitungsartikel darauf verwiesen wurde, dass Thomas Mann abseits von der restlichen Emigration stehe, sah er sich zu einer ersten öffentlichen Erklärung gegen den Nationalsozialismus veranlasst. In der Folge wurde der Familie ihre deutsche Staatsbürgerschaft aberkannt.

In dieser Zeit der Auseinandersetzung hatte Katia Mann mit ihren Briefen auf alle Beteiligten verbindlich eingewirkt und dafür gesorgt, dass die Verständigung erhalten blieb.

Die Entwicklung in Deutschland gab für die Manns Anlass zu großer Sorge, insbesondere die Lage der Familienmitglieder und Freunde, die dortgeblieben und dem offen zutage tretenden Antisemitismus ausgesetzt waren. Katia Manns Eltern stammten zwar aus Familien, die längst konvertiert waren, nach Nazi-Kriterien aber als jüdisch galten. Dass die alten Pringsheims sich vorerst nicht zu einer Emigration entscheiden konnten, beunruhigte Katia sehr und sie schrieb an Sohn Klaus, dass es mit den verblendeten Urgreisen auch noch ein schlimmes Ende nehmen kann. (Briefe 59+60) Erst, nachdem die Pringsheims zahlreichen Rechtsbrüchen und Demütigungen ausgesetzt waren, entschieden sie sich 1939, in die Schweiz zu gehen. Katia, die bereits in Amerika lebte, sollte weder Vater noch Mutter je wiedersehen.

Ihre Familie hatte sich nach der inneren Konsolidierung der Hitler-Diktatur und deren zunehmend aggressiver Außenpolitik – auf besonderes Drängen Erikas – bereits 1938 dazu entschieden, in den USA eine neue Heimat zu suchen. Katia hielt die USA eigentlich für recht kulturlos, für ein Land, in dem sie nur ungern leben wollte. Es sei ein dummer Erdteil und es sei schade, dass der europäische so unrettbar in den Abgrund rollen würde.

Zweiter Weltkrieg

Obwohl die Erwartung eines Krieges in Europa einer der Gründe war, der die Manns nach Amerika getrieben hatte, traf es sie doch überraschend, als er im September 1939 wirklich ausbrach. Sie gerieten zudem in konkrete Gefahr, da sich fast alle Familienmitglieder gerade in Europa aufhielten: Katia, Thomas und Erika waren auf einer Sommerreise, die sie in die Schweiz, nach Holland und Schweden führte. In Stockholm, wo sie an einer Konferenz des Internationalen PEN-Clubs teilnehmen sollten, erfuhren sie vom Kriegsausbruch, woraufhin sie vorzeitig nach New York zurückreisten.

In der Folge hatte Katias Familie große emotionale Belastungen zu bewältigen. Der Krieg und die Frage seiner Konsequenzen, die Flucht von Heinrich und Golo Mann über Frankreich. Den schrecklichen Schiffsuntergang, bei dem Tochter Monikas Ehemann ertrank, während sie nach vielen Stunden, im offenen Meer treibend, gerettet werden konnte. Dieses Unglück, bei dem das Schiff von einem deutschen U-Boot versenkt worden war, beschäftigte die Gemüter sehr. Auch musste Katia auf Sohn Michael, der den Sommer in England und Belgien verbrachte, massiven Druck ausüben, damit er sich mit seiner schwangeren Ehefrau Gret, per Schiff, auf den Weg nach Amerika begab.

Der Kampf gegen den Nationalsozialismus und die Versuche, die Welt und besonders die Amerikaner davon zu überzeugen, dass man ihre freiheitlichen Werte auch in Europa verteidigen müsse, einte die Familie Mann. Nur um die Frage, welche Rolle die Exilanten nach dem Ende Hitlers einmal spielen würden, gab es gelegentlich Streit. Der Krieg selbst hatte die Lage geändert: „Bei allem! Wir haben es *gewusst* und dürfen nun *nicht* die Überrumpelten spielen“, schrieb Erika ihrem Bruder Klaus am zweiten Tag des Krieges. (E. Mann, zit. in: Lahme et al. 2016, Brief 93)

Publizistisch, propagandistisch und als Angehörige der US-Armee waren die Manns in das Kriegsgeschehen involviert. Die ersten Kriegserfolge der Deutschen, der langsame Aufbau einer wirksamen alliierten Koalition und die Kriegsverbrechen, von denen man nach und nach erfuhr – Thomas Mann sprach sie in seinen Reden an deutsche Radio-Hörer frühzeitig an –, sorgten für eine zunehmend resignative Stimmung. Die Weltlage sei recht deprimierend, schrieb Katia ihrer Tochter Elisabeth im Juli 1942 und berichtete dann von einem ernsthaften politischen Streit in der Familie. Klaus habe sich mit Erika gestritten, er argumentiere „merkwürdig antirussisch und laulich pazifistisch“ und sei schließlich sogar mit seinem Vater derart aneinandergeraten, dass dieser krank wurde und zwei Tage im Bett lag. Dass Hitler besiegt werden müsse, war in der Familie unumstritten, aber über die Frage des „Wie“ war man uneins und erst recht über die Frage, was dann kommen und welche Rolle man dabei spielen sollte.

Der amerikanische Eintritt in den Weltkrieg brachte Erika auf den europäischen Kontinent zurück, und sie berichtete von dort als Kriegsreporterin, Klaus rückte als Soldat der US-Armee mit einer Propaganda-Einheit in Italien gegen die faschistischen Truppen vor, und Golo Mann wurde als amerikanischer Soldat in London zum Propagandarundfunk abgestellt. Ihre Berichte, bald auch aus den ersten von Alliierten besetzten deutschen Gebieten, dokumentierten das Kriegschaos und die zunehmend skeptische Sicht auf die Zukunft. Für Erika waren die Deutschen ein hoffnungsloser Fall. Auch in der amerikanischen Ferne ist die frühere Hoffnung, Hitler rasch loszuwerden, längst einer tiefen Resignation gewichen. Thomas Mann schrieb seinem Sohn Klaus im Juni 1944:

> Die Nazis sind entschlossen, von Europa mit sich zu reißen, was irgend sie fassen können ... und wenn man ihnen nicht aus Angst vor den Folgen für Deutschland noch in den Arm fällt, werden sie das Äußerste an Zerstörung aufführen – und uns zwingen, daran teilzunehmen. (T. Mann, zit. in: Lahme et al. 2016, Brief 129)

Nachkriegszeit

Als nach 1945 die Frage zu klären war, wie Thomas Mann sich zu seiner alten Heimat verhalten und wie er sich öffentlich zur Nachkriegsentwicklung politisch äußern sollte, nahmen Erika und Golo konträre Standpunkte ein. Während Golo für Zurückhaltung und eine maßvolle Haltung plädierte, sah Erika die Hauptschuld am beginnenden Kalten Krieg, in den die Welt schon bald geriet, auf Seiten des Westens und trieb den Vater zu einer scharfen Haltung Deutschland gegenüber an.

Thomas Mann, von seinen ehemaligen Literatenkollegen zur Heimkehr nach Deutschland aufgefordert, erklärte öffentlich, nicht zurückkommen zu wollen. Die Stimmung, die seinen Worten und den ins Exil Geflohenen überhaupt entgegenschlug, war mehrheitlich unfreundlich bis feindlich. Die „inneren Emigranten", die Schriftsteller, die in Deutschland geblieben waren, reklamierten für sich, dem deutschen Volk in Zeiten der Not beigestanden zu haben, während die Exilanten es sich im Ausland bequem gemacht hätten. Seinem Sohn Golo schrieb Thomas Mann am 19. September 1945 hierzu:

> Zwölf Jahre lang hat man geglaubt, eine anständige Haltung eingenommen und so der Welt den Glauben an ein besseres Deutschtum aufrecht erhalten zu haben, und jetzt muß man erfahren, daß man ein Feigling war, der sich vor dem deutschen Schicksal gedrückt hat und es auch heute nicht teilen will. (T. Mann, zit. in: Lahme et al. 2016, Brief 138)

Diese Debatte hatte zur Entfremdung der Familie Mann von der alten Heimat einiges beigetragen.

1946 erkrankte Thomas Mann schwer, woraufhin sich Katia sehr beunruhigt an die zu der Zeit in Europa weilenden älteren Kinder wandte und ihnen mitteilte, dass der Vater ein Lungenleiden habe, das auf Krebs hindeute. Er dürfe aber weder die Diagnose noch das tödliche Risiko erfahren, um nicht geängstigt zu werden. Sie, die lebenskluge, resolute und praktisch veranlagte Katia, müsse entscheiden, ob man ihren Mann weiteren Untersuchungen aussetzen und ihm möglicherweise eine riskante Operation zumuten solle. Sie sei recht ratlos und verzweifelt, schrieb sie im April 1946 an Klaus, sie könne eine solche Entscheidung doch nicht allein treffen. Im Anschluss an die erfolgte Operation schrieb Katia am 21. Mai 1946 an Klaus:

> Es handelte sich also leider um Lungen-Krebs. Der Patient *weiß* es aber absolut nicht, und wenn er je den Verdacht hatte, was ich allerdings sicher glaube, so hat er ihn radikal verdrängt und völlig die ihm dargebotene Ver-

> sion eines harmlosen Lungen-Abszesses angenommen. Daran halten wir *eisern* fest der Welt gegenüber, weil es sonst ja doch zu ihm zurück käme. (K. Mann, zit. in: Lahme et al. 2016, Brief 142)

Entgegen früherer Bedenken und nachdem Thomas Mann sich wieder erholt hatte, brach das Ehepaar 1949 zu einem Deutschlandbesuch auf. Während Thomas Mann sich bei seinen Aufenthalten in Ost und West gefeiert sah, blickte Katia Mann skeptisch auf diese Reise zurück. Ihre Befürchtung, ob man mit den inszenierten Jubelfeiern im Osten der dortigen Propaganda als „überaus fetter Bissen" gedient haben könnte, formulierte sie in einem Brief an Erika. Thomas Mann wollte in einer Nachschrift zu diesem Brief von solch kritischen Tönen seiner Frau nichts wissen und schwärmte vom „Volksfest in Thüringen".

Auch wenn die Rückkehr nach Deutschland vorerst ausgeschlossen schien, trug die Atmosphäre im Amerika des beginnenden Kalten Krieges dazu bei, dass die Familie sich schließlich doch zur Rückkehr nach Europa entschied: 1952 zogen Katia, Thomas und Erika in die Schweiz, im selben Jahr siedelte Elisabeth Mann Borgese mit ihrem Mann und ihren Töchtern nach Italien um.

Auch Monika ging nach Europa und fand auf Capri eine neue, dauerhafte Bleibe. Golo pendelte noch einige Jahre zwischen Kalifornien und Europa hin und her, bevor er endgültig auf den alten Kontinent zurückkehrte.

Michael blieb als Einziger dauerhaft in Amerika. Nach großem Erfolg am San Francisco Symphony Orchestra ging er als Bratschist gemeinsam mit der Pianistin Yaltah Menuhin (1921-2001) auf Tournee. 1951 verletzte er seine Konzertpartnerin in einem Affektausbruch schwer, was zum Ende seiner Karriere als Musiker führte. Später wurde er Dozent an der University of California.

Für Klaus Mann hatte es keinen neuen Beginn mehr gegeben. Von Drogen zerrüttet, ohne literarische und persönliche Perspektive versank er in Depressionen. Im Mai 1949 nahm er sich in Cannes das Leben. Weder Katia noch Thomas Mann wohnten seiner Beerdigung bei.

1955, kurz nach seinem 80. Geburtstag und nach einer ehrenvollen und umstrittenen Reise nach West- und Ostdeutschland, verstarb Thomas Mann.

Zu dieser Zeit fühlte sich Katia Mann sehr unterstützt durch ihre Freundin Molly Shenstone, der Frau eines Physikers, die sie während ihres USA-Aufenthaltes 1938 in Princeton kennen und schätzen gelernt hatte. Im Oktober 1955 schrieb Katia Mann an Molly Shenstone:

> Liebste Molly, ich habe so viele schöne Briefe nach Tommys Tod erhalten aber deiner hat mich mehr als alle anderen bewegt ... das Schreiben fällt mir so schwer, und du weißt auch so genau, wie ich mich fühle. Ich wußte immer, daß ich Tommy überleben würde und daß ich ihn überleben müß-

te, aber ich habe letztlich niemals wirklich daran geglaubt. ... Am Morgen des 12. August erlitt er ... einen Kollaps. (...) Er war bis zuletzt bei Bewußtsein ... Am späten Nachmittag begann er schwerer zu atmen; (...) er verlangte nach seiner Brille und fiel ruhig in den Schlaf. Ich saß an seinem Bett und bemerkte es nicht, als er starb. (...) Man mag es Gnade nennen, daß er kaum ein Nachlassen seiner Kräfte verspürte, aber diese so völlig unerwartete Trennung nach mehr als fünfzig gemeinsam verbrachten Jahren kann ich immer noch nicht fassen. ... Alle Kinder sagen, daß sie mich brauchen, aber erwachsene Kinder können und müssen ohne ihre Mutter leben. Der eine, der mich wirklich brauchte, ist nicht mehr da. Und ich kann nicht viel Sinn in meinem weiteren Leben erkennen, das, wie die Dinge stehen, noch recht lange währen mag, denn ich scheine vollkommen gesund zu sein. (...) Ich weiß, ich habe keine bessere Freundin als Dich, meine liebste Molly, und es würde mir ein großer Trost sein, Dich wiederzusehen. Laß uns hoffen, daß Dein Weg Dich in nicht allzu ferner Zeit nach Europa führt. Euch beiden alles Liebe Immer Deine Katia. (K. Mann, zit. in: *Der Spiegel* 8/2003, S. 142)

Leben ohne den „Zauberer"

Das Leben ohne den „Zauberer", wie der Vater in der Familie genannt wurde, brachte rasch Streit in die Familie. Monika und Erika wollten jede ein Buch über den Vater veröffentlichen. Erika verhinderte, mit Zustimmung Katias, Monikas Buch. Sie schrieb einige Kinderbücher, konzentrierte sich aber in der Hauptsache auf das Werk des Vaters.

Katia Mann geriet im Frühjahr 1969 erneut in große Sorge, denn bei Erika wurde ein Hirntumor diagnostiziert. Sie begleitete die Tochter intensiv und musste miterleben, wie die starke, temperamentvolle und kluge Tochter infolge der Operation in geistiger Umnachtung leben musste, bis sie am 27. August 1969 in Zürich verstarb.

Michael hatte unterdessen an der Universität Harvard Germanistik studiert, mit einer Doktorarbeit abgeschlossen, eine Assistenzprofessur an der Universität Berkeley erhalten und lebte mit seiner Frau in Kalifornien. Er hielt 1975 die Hauptrede bei den Feiern in Lübeck zum 100. Geburtstag Thomas Manns. Als er die Herausgabe der Tagebücher seines Vaters übernommen hatte, geriet er wegen seiner Editionsarbeit in heftige Konflikte mit dem S. Fischer-Verlag und seinen Geschwistern. Als er in der Silvesternacht 1976/77 an einer Überdosis von Barbituraten, gemischt mit Alkohol, verstarb, ging die Familie von einem Selbstmord aus.

Der inzwischen 93 Jahre alten Mutter Katia gegenüber verheimlichten die überlebenden Geschwister den Tod Michaels. Ihr immer verwöhnter Jüngster hatte ohnehin weit entfernt in Kalifornien gelebt, man sah sich selten und die Geisteskräfte Katia Manns hatten auch nachgelassen.

Golo Mann, der unterdessen Karriere als Historiker, Schriftsteller und politischer Publizist gemacht hatte und zum Beraterstab von Kanzler Willy Brandt (1913-1992) gehörte, lebte in der Nähe der Mutter und kümmerte sich zunehmend um sie, da sie immer hilfsbedürftiger wurde.

Katia Mann wurde fast 97 Jahre alt und war selbst erstaunt darüber: „daß sich dieses ehrwürdige Alter so erträglich benimmt“. Als sie 1980 verstarb, ging mit ihr diejenige verloren, die über viele Jahrzehnte lang das Zentrum der familiären Kommunikation der Familie Mann war.

Würdigung

Schaut man rückblickend auf das Leben von Katia Mann – der Frau an der Seite von Thomas Mann –, so scheint sie die von Thomas Mann in der Werbungszeit an sie gerichteten Wünsche: „Seien Sie meine Bejahung, Rechtfertigung, Vollendung, Erlöserin, meine Königin.“ (T. Mann, zit. in: Jüngling/Rossbeck 2004, S. 71) erfüllt zu haben. In seiner Rede anlässlich ihres 70. Geburtstages betonte er:

> Sie war Mutter so ganz wie sie ganz Gattin war, und um nichts überwog *eine* Liebessorge die *andere*. ... Und welche Geduld hat sie lernen müssen, hat sie heldenhaft geübt als meine Gefährtin, die mit mir meine Arbeit trug! (T. Mann, zit. in: Weissensteiner 2004, S. 255)

Den Seelenfrieden ihres Mannes zu erhalten und ihm bei der Ausbalancierung seiner Wünsche, Ängste und Zwänge zu helfen, war ein Anspruch, den Katia Mann sich selbst gestellt hatte; vielleicht war es sogar das, was sie unter ehelicher Liebe verstand. Was hatte sie für ein anstrengendes Leben zu bewältigen: Die ständigen Umzüge, das Bemühen, an jedem neuen Ort eine möglichst vertraute Umgebung, vor allem den Schreibtisch für Thomas bereit zu halten, ihm alles Missliche und Unangenehme zu ersparen, die Unruhe, die allseits schwierigen Kinder. An juristisch-ökonomischer Intelligenz, man kann auch sagen: an praktischem Denken, war Katia Mann ihrem Thomas haushoch überlegen. Die Schwiegermutter Hedwig Pringsheim befand, dass er ja immer nur „Material“ für sein Werk lebte.

Katia Mann konnte aufopferungsvoll, aber auch ungnädig sein – vielleicht bedingte eins das andere. Stolz und irritiert hatte Hedwig Pringsheim in ihrem „Kinderbüchlein" bereits vermerkt, wie die nicht einmal fünfjährige Katia das Dienstmädchen Emilie, genannt „die Emil", überprüfte. Sie legte absichtlich einen Bindfaden unter ihren Toilettentisch, denn sie wollte sehen, ob die Emil darunter auch auskehrte. Als sie nachsah, lag der Faden immer noch da.

Später wollte sie nicht einsehen, weshalb sie sich in Auseinandersetzungen zusammenreißen sollte – sie war ja wer! Wenn sie zum Beispiel zu lange in einer Schlange warten musste, drängelte sie sich vor und verwies darauf, „Frau Thomas Mann" zu sein. Als ihr im Alter der Führerschein entzogen wurde und all ihr Protest dagegen nichts half, fuhr sie notgedrungen Taxi. Dabei veranlasste sie die Fahrer, mit gezieltem Einsatz ihres Krückstocks, rote Ampeln zu überfahren – mit der Begründung, dass sie es eilig habe.

Auch Enkelsohn Frido Mann (1940-), der über längere Zeit im Haushalt seiner Großeltern gelebt hatte, erinnerte in einem Interview in der *Welt am Sonntag* vom 2.3.2003, seine Großmutter widersprüchlich erlebt zu haben: einerseits ungeheuer zärtlich, liebevoll und großzügig, andererseits aber auch schroff, dominant und ungeduldig. Ihrem Ehemann gegenüber habe sie ihren Furor eher gezügelt. Denn, sie war klug genug, um kühl zu berechnen, dass seine literarischen Erträge nur dann reich ausfielen, wenn er gelassen war und sich nicht von ihren Befindlichkeiten oder dem Alltagsgeschehen behelligt fühlte. Es lässt sich vermuten, dass sein Werk ohne ihre Fürsorge, ohne ihr beharrliches Kümmern, ohne ihre Liebe nicht zustande gekommen wäre.

Bei einer Gedenkveranstaltung für Katia Mann 1981 in New York wurde ein Text verlesen, den Golo Mann über seine Mutter geschrieben hatte. Darin heißt es:

> Ungern sehe ich sie, wie sie sein musste in den letzten Jahren, Monaten, Wochen. So möchte ich sie sehen, wie sie war, solange ihre Identität gewahrt blieb: stark, tapfer, wach, nicht unterzukriegen; lebensklug und warmherzig, geistreich, schlagfertig, zum Weinen kaum, zum Lachen immer bereit; zugleich naiv und gescheit wie der Tag; von Natur der Wahrheit zugetan, keinen anderen kannte ich, dem das Lügen so unmöglich fiel wie ihr; hochmütig an der Oberfläche, im Kern demütig; Dulderin ohne es zu wissen, Helferin, Retterin, ohne stolz darauf zu sein; eine vielköpfige, wunderliche Familie steuernd, wie der Kapitän sein Schiff in schwierigen Gewässern; treu, sehr treu, den Anderen und sich selber. (G. Mann, zit. in: Lahme 2015, S. 414)

Auf die Frage, was Katia Mann in ihrem Leben gewollt habe, antwortet ihr Enkelsohn Frido: Katia Mann habe sich ihrem Mann nicht geopfert, sondern gewidmet – selbstbewusst und zugleich bescheiden. (*Welt am Sonntag* vom 2.3.2003)

Das bestärkt den Eindruck, nichts anderes als das getan zu haben, was sie aus freien Stücken, ohne gesellschaftlichen oder ökonomischen Zwang, gewollt habe. Sie war weder nur „Zubehör" noch „Anhängsel", weder nur „Bejaherin" noch „Erlöserin" für ihren Mann, sondern eine höchst eigenständige Frau im Denken und Fühlen, die ihren Platz im Kosmos von Thomas Mann zu behaupten verstand.

Marta Feuchtwanger – eine beherzte Frau!

Monika Schoene

Marta Feuchtwanger wurde am 21. Januar 1891 in München als jüngstes von drei Kindern des jüdischen Textilkaufmanns Leopold Löffler und seiner Ehefrau Johanna geboren. Eine sieben Jahre ältere Schwester verstarb mit zwei Monaten und eine sechs Jahre vor Marta geborene Schwester nach einer Meningitis im Alter von elf Jahren. Während die kleine, wissbegierige Marta dem Privatunterricht der sechs Jahre älteren Schwester beiwohnen durfte, erlebte sie nach deren Tod eine Wende in der familiären Atmosphäre: Von nun an richteten die Eltern ein ängstliches und strenges Augenmerk auf sie, ihr einzig verbliebenes Kind.

Obwohl in gut situierten Verhältnissen einer jüdischen Kaufmannsfamilie aufgewachsen, die die jüdischen Traditionen nur sehr diskret pflegte, wurde Marta in ihrer Kindheit und Jugend mit antisemitischen Beschimpfungen konfrontiert. Sie lernte es schon früh, sich erfolgreich dagegen zur Wehr zu setzen. Verbal, indem sie nach einer antisemitischen Beleidigung seitens ihrer Klassenkameraden diese mit „Ihr Sauchristen!" beschimpfte, und körperlich, wenn sie sich in der anschließenden Prügelei durch ihren trainierten Körper als die Stärkere erweisen konnte.

Während ihrer Schulzeit am Siegbert-Institut, einer Privatschule für Mädchen, zeigte sich bereits Martas große Leidenschaft für jegliche sportliche Betätigung und ihre verantwortungsbewusste Haltung. Im Alter von vierzehn Jahren betraute man sie mit der Leitung einer Turngruppe. Neben ihrer Sportbegeisterung liebte sie Stoffe und war in der Lage, sich Kleidung zu entwerfen und zu nähen, mit der sie auf den Münchener Faschings- und Künstlerbällen viele Blicke auf sich zog. All dies war für jüdische Mädchen um 1900 alles andere als selbstverständlich.

Begegnung mit Lion Feuchtwanger

Im Alter von 18 Jahren lernte sie auf dem Hausball ihrer Freundin Franziska Feuchtwanger (1890-1946) deren Bruder Lion (1884-1958) kennen. Er, mit 26 Jahren bereits Doktor der Philosophie und in München als Theaterkritiker tätig, notierte in seinem Tagebuch am 19. Januar 1910 über ihr erstes Rendezvous:

> Abends lang vorbereitete größere Gesellschaft bei uns in der Galeriestraße. Mit Hartmann-Trepka und einem Fräulein Löffler, einer nicht eben gescheiten, aber recht temperamentvollen jungen Jüdin. Sie hernach ins Café geschleppt und schließlich tüchtig abgeküsst. (L. Feuchtwanger, zit. in: Flügge 2009, S. 30)

Aus dem Flirt wurde bald mehr. Obwohl ursprünglich beide eine Ehe als für zu bürgerlich ablehnten und eine offene Beziehung anstrebten, machte Lion Marta, als sie schwanger wurde, sofort einen Heiratsantrag. Lions Eltern waren darüber eher ungehalten. Marta schreibt in ihren Erinnerungen, dass sein Vater ihre Eltern extra aufgesucht hatte, um an ihren Vater die Worte zu richten: „Mein Sohn ist ein Lump, und wenn Ihre Tochter ihn heiratet, ist sie auch nicht besser." (M. Feuchtwanger 1983, S. 13)

Dennoch fand die Trauung im engsten Familienkreis 1912 in Überlingen/Bodensee statt und das Paar begab sich anschließend auf seine Hochzeitsreise. Nur mit geringen finanziellen Mitteln ausgestattet wohnten sie meist unter einfachsten Verhältnissen, wanderten weite Strecken zu Fuß und schliefen häufig im Freien. So manches Mal half ihnen ihre Begeisterung für Landschaften, Natur, Kulturgüter und Kontakte zu anderen Menschen über schwierige Situationen hinweg.

Nach einer beschwerlichen Reise über die Alpen brachte Marta in der Schweiz unter lebensbedrohlichen Umständen ein Mädchen zur Welt. Der Säugling verstarb nach kurzer Zeit und Marta benötigte Wochen, bis sie sich wieder erholte und mit Lion ihren Weg fortsetzen konnte. In *Nur eine Frau* Jahre - Tage - Stunden erinnerte sie: „Ich war fest überzeugt, daß er es war, der mir die Zähigkeit gab, das Fieber zu überleben." (M. Feuchtwanger 1983, S. 18f.) Der Schock über den Tod des Kindes und die große Sorge um den Lebenserhalt Martas hatten das Paar zusammengeschweißt.

Sie reisten weiter in Richtung Süden. Über Italien, wo Lion in Neapel nur mit Glück eine Typhusinfektion überstand, erreichten sie im Sommer 1914 Nordafrika und hielten sich nahe der Stadt Tunis auf. Da diese Region unter französischer Herrschaft stand, galt Lion nach Ausbruch des Ersten Weltkrieges als deutscher Feind und wurde in französische Schutzhaft genommen. In dieser Situation reagierte Marta verantwortungsvoll. Sie marschierte am nächsten Tag unerschrocken an den Wachen vorbei ins französische Hauptquartier und rang einem höheren Offizier das Versprechen ab, Lion einen Tag für die Regelung persönlicher Angelegenheiten Gefangenenurlaub auf Ehrenwort zu gewähren. Marta hatte vorsorglich zwei Schiffsfahrkarten und den Pass eines maltesischen Kellners für Lion beschaffen können und es gelang ihnen, gemeinsam auf ein Schiff zu fliehen. Dessen deutschfreundliche Besatzung hielt die beiden so versteckt, dass die französischen Militärs sie bei ihren Kontrollen nicht entdecken konnten. In Palermo verließen sie das Schiff und schlugen sich unter widrigen Umständen bis nach München durch.

Wieder in München, musste Lion erst einmal eine militärische Ausbildung absolvieren, wurde dann aber aus gesundheitlichen Gründen vom Wehrdienst freigestellt. Von nun an wandte er sich wieder der schriftstellerischen Arbeit zu. Marta übernahm es vorrangig, das praktische Leben zu organisieren, darüber hinaus wirkte sie jedoch stetig auf seine literarischen Arbeiten und sein Umfeld ein.

Sie berichtet später in einem Interview, dass Lion eigentlich die Vorstellung vertreten habe, dass eine Frau nur *for luxury* da wäre, schön aussehen und sich um sich selbst kümmern sollte. Ihre reale Lebenssituation stellte sich ihren Worten nach aber ganz anders dar:

> Ich musste kochen, tat so, als ob ich es gern täte, aber ich mochte es nicht, obwohl mein Mann gern aß, was ich kochte. Ich hätte viel lieber Bücher gelesen und wäre wie er zur Bibliothek gegangen. (M. Feuchtwanger, zit. in: Flügge 2009, S. 147)

Während des Ersten Weltkriegs habe sie – entgegen aller Luxusvorstellungen ihres Mannes – im Winter für Lebensmittel manchmal stundenlang anstehen, sich um die Öfen kümmern und für Heizmaterial die Kohlenautos in der Straße abpassen und um Kohlen betteln müssen.

Umzug nach Berlin

1925 zogen die Feuchtwangers nach Berlin und erlebten hier die besten Jahre der Weimarer Republik. Lion gelangte zu literarischem Erfolg und damit verbunden zu höheren Einkünften. Die gute finanzielle Situation ermöglichte es dem Paar, 1931 ein Haus in Berlin-Grunewald zu erwerben.

Marta eroberte, wie ehemals München, nun auch Berlin. Sie war eine elegante, vielbeachtete Frau, die einen Führerschein und ihr eigenes Auto hatte und damit regelmäßig zum Wintersport fuhr. Sie pflegte ihren eigenen Kreis von Freunden und Bewunderern, galt als renommierte Gastgeberin in dem nach ihren Vorstellungen eingerichteten Haus.

Als Paar könnten die Feuchtwangers einen bizarren Eindruck vermittelt haben: Marta, hochgewachsen, durch tägliches Schwimmen, Laufen und Turnen durchtrainiert, mit dunklem Teint und von exotischer Schönheit. Lion, gerade 1,65 Meter groß, schmächtig, mit kindlichem Gesicht und heller Stimme. Sie lebensklug und souverän, er eher etwas weltfremd und im Praktischen hilflos. So war es z.B. Martas Aufgabe, den geplatzten Reifen des Autos zu wechseln, währenddessen Lion es übernahm, die Taschenlampe zu halten.

Beide waren sich einig, eine offene Ehe führen zu wollen. Dabei nahm Lion für sich eine schrankenlose Freiheit in Anspruch. Er lehnte jede Scheu oder Eifersucht als spießig und unerträglich ab. Auch Marta führte ihr eigenes Liebesleben, wahrte aber große Diskretion. Während sie alle eventuell verfänglichen Dokumente vernichtete, legte Lion dagegen regelrecht Spuren. Er notierte seine Amouren geflissentlich, bewertete dabei seine Begegnungen, Gespräche, Genüsse mit den Kategorien wie fad, mittel, nett, gelegentlich sehr nett. Beteuerte aber, dass Marta dennoch von ihm nie vernachlässigt worden sei. Als Reinhart Hoffmeister ihr in der Reihe „Zeugen des Jahrhunderts“ die Frage stellte, ob sie oft Anlass zur Eifersucht gehabt hätte, erwiderte sie:

> Anlaß hätt ich genug gehabt, aber ich war's nicht. Da war ein unausgesprochenes Gentlemen's Agreement: Jeder kann tun, was er will. Ich hätte auch alles tun können, was ich wollte. Man hat das Gefühl der Freiheit. Wir waren beide rebellisch, das hat uns auch zusammengebracht. (M. Feuchtwanger 1991, S. 27)

Die literarische Arbeit, internationale Kontakte, Empfänge, Bälle, Reisen in viele Länder, all dies trug nach und nach dazu bei, dass Lions und Martas Leben sich zu einer abgehobenen und überreizten Existenz entwickelt hatte, sie lebten voll nervöser Spannungen.

Aufbruch in den Süden

1933 – die Nationalsozialisten hatten unterdessen die Macht in Deutschland übernommen – erfuhr Lion während seiner Vortragsreise in den USA von seiner Ausbürgerung und der Verbrennung seiner Bücher in Deutschland. Das Haus der Feuchtwangers in Berlin und ihr Vermögen waren von den Nationalsozialisten beschlagnahmt, die Konten gesperrt worden. Daraufhin entschied sich Lion, nicht mehr in seine Heimat zurückzukehren, sondern zu Marta nach Sankt Anton (Österreich) zu reisen, wo sie sich nach ihrem Skiurlaub noch aufhielt.

Der nun einsetzende Weg ins Exil bewirkte eine Wende im Leben der Feuchtwangers. Die Folgen erforderten wieder andere Eigenschaften von Marta, nämlich jene, die sie während der zweijährigen Hochzeitsreise schon einmal unter Beweis gestellt hatte. Es waren wieder Improvisationstalent, Mut, Risikobereitschaft, Tatkraft, Zähigkeit und Selbstbehauptung vonnöten.

Von Lions Tantiemen und den Vorschüssen hilfsbereiter Verleger lebend, suchten sie eine neue Heimstätte. In der Nähe von Bandol in Südfrankreich entdeckten sie das Hotel *La Reserve*, in das Lion und Marta vorerst einzogen. In dieser Umgebung hielten sich zu der Zeit auch andere Exilanten auf. Thomas Mann (1875-1955), der in seinen Tagebucheintragungen aus dieser Zeit Marta zum Beispiel als eine „ägyptisch aussehende Frau" erwähnt. In den Notizen von Heinrich Mann (1871-1950) finden sich zu Marta Attribute wie „elegante Erscheinung" und ihr „stilsicheres Auftreten".

Im Juni 1933 schaffte es Marta, die etwas abseits gelegene *Villa Lazare* in Sanary-sur-Mer mit privatem Strand und Blick auf die Bucht zu mieten. Das Haus war so dürftig eingerichtet, dass die Feuchtwangers anfänglich mit ihren Matratzen auf dem Boden schlafen mussten.

Nach und nach kamen Lion und Marta in Sanary-sur-Mer in Kontakt mit weiteren Literaten u.a. René Schickele (1883-1940) und Aldous Huxley (1894-1963). Mit dem befreundeten Bertolt Brecht (1898-1956) und Heinrich Mann machte Marta Ausflüge in die Umgebung. Allmählich wurde die *Villa Lazare* zum Mittelpunkt der Emigranten-Kolonie. Man traf sich zu Lesungen und von Marta organisierten Teegesellschaften.

Im Oktober 1933 stellte Marta erneut unter Beweis, geistesgegenwärtig handeln zu können. Während Lion und die gerade eingetroffenen Gäste Arnold Zweig (1887-1968) und Bertolt Brecht den steil abfallenden Weg vom Haus der Feuchtwangers zum Meer hinunterliefen, lockerten sich die Bremsen von Martas weiter oben abgestelltem Auto. Als es drohte auf die Männer zuzurollen, sprang Marta hinzu, griff in den fahrenden Wagen, riss das Steuer herum und verhinderte, dass die Männer zu Schaden kamen. Das Fahrzeug kippte dabei um und fiel so ungünstig auf Marta, dass sie komplizierte Bein- und Schenkelbrüche davontrug. Die daraus resultierenden Schmerzen beeinträchtigten sie bis ins hohe Alter immer wieder.

Gefangenschaften und Fluchten

Während des Zweiten Weltkrieges änderten sich auch in Südfrankreich die Verhältnisse, die Deutschen wurden zu feindlichen Ausländern erklärt und in Internierungslager gesteckt. Lion kam in das *Camp des Milles* bei Aix-en-Provence und Marta nach Gurs in den Pyrenäen. Dort konnte Marta mit großem Einsatz Erleichterungen für ihre Mitgefangenen durchsetzen und später selbst aus dem Frauenlager Gurs entkommen.

Auch Lion konnte in Frauenkleidern aus dem Männerlager befreit werden. Beide versteckten sich in Marseille, bis sie mit der Hilfe amerikanischer Diplomaten im September 1940 zu Fuß über die Pyrenäen nach Portugal fliehen und von dort in die Vereinigten Staaten gelangen konnten.

Mitte November 1940 traf Marta Feuchtwanger per Schiff in New York ein. Lion, der aus Sicherheitsgründen auf einem anderen Schiff nach New York vorausgereist war, empfing sie am Hafen. Anfang 1941 erreichten sie Los Angeles und konnten zunächst bei der befreundeten Malerin Eva Herrmann unterkommen.

Für Marta waren die ersten Jahre in Amerika besonders arbeitsaufwändig, denn es waren fünf Umzüge zu bewältigen, bis sie Anfang 1943 in Pacific Palisades die spätere *Villa Aurora* beziehen konnten. Wie zuvor die *Villa Lazare* in Sanary-sur-Mer war auch dieses Haus in schlechtem Zustand und nur dürftig eingerichtet, so dass die Feuchtwangers anfangs in Schlafsäcken im Garten übernachteten. Mit viel Geschick richtete Marta das Haus wieder her und stattete es weitestgehend mit gebrauchten Möbeln behaglich aus.

Sobald es dem Ehepaar finanziell besser ging, setzten sie ihr Geld nicht etwa für teure Kleidung oder Schmuck ein, sondern kauften hauptsächlich Bücher und Regale für das Haus. Lion hatte das Ziel, zum dritten Mal eine kostbare Bibliothek aufzubauen. Er erreichte später einen Bestand von mehr als 36 000 Bänden.

Marta kaufte für die Gestaltung des großen Gartens vorzugsweise exotische Pflanzen, vor allem aber viele Bäume, mit der Begründung, dass Papier aus Bäumen gemacht werde.

Ihre geliebten Skiurlaube unternahm sie bis in ihr siebtes Lebensjahrzehnt regelmäßig weiter. War zunächst der Yosemite National Park das Ziel, wurden es später die nur 120 Kilometer entfernten San Bernardino Mountains.

Villa Aurora – ein Künstlerzentrum

In der *Villa Aurora* in Pacific Palisades fanden einige aus Hitler-Deutschland vertriebene Intellektuelle und Künstler ein neues Zentrum. Zu Lese- und Musikabenden, Feiern und Streitgesprächen kamen Katia Mann (1883-1980), Thomas und Heinrich Mann, Bertolt Brecht, Franz Werfel (1890-1945) und Charlie Chaplin (1889-1977), Alfred Döblin (1878-1957), Albert Einstein (1879-1955), Hanns Eisler (1898-1962), Bruno Frank (1887-1945), Fritz Lang (1890-1976), Ludwig Marcuse (1894-1971), Arnold Schönberg (1874-1951), Kurt Weill (1900-1950), Alma Mahler Werfel (1879-1964) und weitere zusammen.

Während Marta bei den Leseabenden als diskrete, förderliche Gastgeberin in Erscheinung trat, erledigte sie ansonsten für Lion umfängliche, wichtige Aufgaben. Sie war nicht nur seine Lektorin und erste Kritikerin – er veröffentlichte nichts ohne ihre Zustimmung –, sondern wertete für ihn Zeitungen aus und sammelte Artikel aus *Times* und *Newsweek*.

Mehr denn je übernahm sie Verantwortung für Ernährung und Bewegung beider. Der Tag begann mit Frühsport, Gymnastik auf der Terrasse oder im Garten. Jeden zweiten Tag liefen sie den Paseo Miramar hinauf und dann hinunter ans Meer zum Baden.

Man kann von Marta Feuchtwanger den Eindruck gewinnen, dass sie es war, die das Heft des Planens und Handelns in der Hand hatte, initiativ und in gewissem Sinne alltagstauglicher war als ihr Ehemann, der erfolgreiche Schriftsteller Lion Feuchtwanger. In ihrem Erinnerungsbuch äußerte sie dennoch bescheiden: „Ich war immer nur seine Frau und froh, wenn er mich zu Rate zog, wenn ich mitarbeiten konnte.“ (M. Feuchtwanger 1991, S. 38)

So kümmerte sie sich um die Beantragung der US-Staatsbürgerschaft beider, da eine Entscheidung seitens der Behörden immer wieder verzögert wurde. Eine Begründung könnte in der 1953 erfolgten Verleihung des Nationalpreises der DDR 1. Klasse für Kunst und Literatur an Lion Feuchtwanger gesehen worden sein und die damit verbundene Anerkennung, dort als Antifaschist und kommunistischer Sympathisant zu gelten. Die US-Behörden argwöhnten und überprüften Lion während der McCarthy-Ära als Linksintellektuellen häufiger. Er selbst hatte die Vorstellung, dass er zukünftig die eine Hälfte des Jahres in den USA und die andere in Deutschland verbringen könnte. Das Risiko, eventuell nicht wieder in die USA einreisen zu dürfen, hinderte ihn jedoch, die USA überhaupt noch einmal zu verlassen.

1957 wurde bei Lion Feuchtwanger Magenkrebs diagnostiziert. Kurz nach einer schweren Operation musste er sich am 20. Oktober 1958 einem letzten Verhör im Zusammenhang mit dem Einbürgerungsgesuch unterziehen. Er verstarb am 21. Dezember 1958 an inneren Blutungen. Als die Einwanderungsbehörde zwei Tage später Marta davon informierte, dass man Lions Antrag gerade habe genehmigen wollen, war sie empört und verlor vorerst das Interesse daran, selbst eingebürgert zu werden.

Diese Einstellung scheint sich aber gewandelt zu haben. Nach der erfolgten Einbürgerung am 30. Januar 1959 äußerte sie:

> Ich bin dankbar, dass ich ihn (den Pass, MS) habe, dankbar auch, dass ich ins Land durfte, gerettet wurde, aber ich bin dadurch keine andere Person geworden. Ich war zu lange eine Deutsche. Später habe ich Amerika lieben gelernt. Die amerikanischen Regierungen mochte ich nicht immer, aber ich liebe die Menschen hier, weil sie umgänglich sind. In Deutschland ist jeder Nachbar dein Feind. (M. Feuchtwanger, zit. in: Flügge 2009, S. 345)

In ihren Lebenserinnerungen, dem 1975 entstandenen Buch, das erst 1983 mit dem Titel *Nur eine Frau* Jahre - Tage - Stunden, veröffentlicht wurde, heißt es zu der Thematik:

> So, in meinem fünfzigsten Lebensjahr, wanderte ich im wahrsten Sinne des Wortes zu Fuß in Amerika ein. Bin ich dadurch eine Amerikanerin geworden? Kann ein Stück Papier ein halbes Jahrhundert meines Lebens ändern? Ich glaube es nicht. Jetzt, da mir knapp zehn Jahre fehlen an der zweiten Hälfte des Jahrhunderts, fühle ich, daß es gut ist, die Staatsangehörigkeit eines Landes zu besitzen, das in sich das Erbe meiner deutschen Abstammung vereinigt mit den Nachkommen vieler anderer Nationen. Man ist als Amerikaner dem Weltbürgertum sehr nahe. (M. Feuchtwanger 1983, S. 319f.)

Leben ohne Lion

Manfred Flügge (2009, S. 387f.) führt zur Wahl und Deutung von Marta Feuchtwangers Buchtitel *Nur eine Frau* einen Brief an, in dem sie Walter Feuchtwanger (Vetter von Lion, MS) mitgeteilt habe, dass dieser „Ausdruck" von dem Kritiker Marcel Reich-Ranicki (1920-2013) geprägt wäre. Sie hatte Kenntnis von dessen lobender Besprechung ihres Interviews für das *Zweite Deutsche Fernsehen* (ZDF, MS) bekommen, die er unter dem Titel „Wirklich nur eine Ehefrau?" in der *Frankfurter Allgemeinen Zeitung* veröffentlicht hatte.

Flügge erwähnt einen weiteren Artikel in derselben Zeitung vom Juli 1983. Die emigrierte Wienerin Hilde Spiel (1911-1990), die den Feuchtwangers in Sanary-sur-Mer begegnet war, äußerte darin, dass der Titel *Nur eine Frau* ebenso gut bescheiden wie auftrumpfend gedeutet werden könne. Es kündige sich darin die ganze „listige Vertracktheit dieser Bayerin" an:

> Selten hat es so eine merkwürdige Mischung zweier so verschiedener Wesensarten gegeben. So naiv wie bauernschlau, so sportlich wie bildungshungrig und von ehrfürchtiger Bewunderung für alle Manifestationen des Geistes. (Spiel, zit. in: Flügge 2009, S. 388)

Wenn Marta Feuchtwanger in den Gesprächen für die ZDF-Reihe „Zeugen des Jahrhunderts" gegenüber Reinhart Hoffmeister mitteilte, dass sie eigentlich keine eigene Philosophie für ihr Leben gehabt hätte und das Glück zu ihr gekommen sei, ohne dass sie es gesucht hätte, wird ihre Bescheidenheit deutlich. Sie berichtet souverän und lebensklug über ihre Erfahrungen und Empfindungen während der gemeinsamen Jahre mit ihrem berühmten, aber auch umstrittenen Ehemann Lion während der Zeit von 1912 bis 1958 und äußert:

> Ich war immer nur seine Frau ... Da war kein Augenblick der Langeweile, es war immer aufregend, mit ihm zu leben – manchmal nicht so angenehm aufregend, aber nie langweilig. (M. Feuchtwanger 1991, S. 38)

Nach Lions Tod wurde sie zur Erbin seines Ruhmes. Sein Erfolg, seine Geltung, seine internationalen Verbindungen hatten auch ihr Dasein bestimmt, dessen Rahmen und Niveau definiert.

Dass sie nicht nachhaltiger eine Form selbständigen Lebens anstrebte, könnte im Vergleich zu anderen weiblichen Lebensläufen der Zeit als Manko ausgelegt werden. In diesem dramatischen Lebensverlauf erwies es sich aber als Vorzug: Sie war auf den Augenblick orientiert, spontan, dabei selten unüberlegt, immer darauf bedacht, den Moment zu gestalten. Sie konnte improvisieren, wie die zwei Jahre andauernde Hochzeitsreise bewies, sich auf widrigste Umstände bis hin zum Internierungslager einstellen und Lösungen finden. Diese Fähigkeiten beruhten auf Optimismus, Humor und Lebensbejahung.

Marta war früher zwar ökonomisch und sozial von Lion abhängig, konnte aber von seiner Liberalität, Ungeniertheit, aber auch Fürsorge profitieren. Das Leben, das er ihr bot, war nicht nur außergewöhnlich und kam ihrer Neigung zum Experimentieren entgegen, sondern war auch ihre Rettung. Parallel zu ihrem Dasein für und mit Lion, konnte sie sich nicht nur genügend äußere Freiräume erobern, sondern sich vor allem eine innere Unabhängigkeit bewahren.

Nach seinem Tod begann für Marta eine Zeit der finanziellen Unsicherheit. Bares war kaum noch vorhanden, da Lion buchstäblich alles Geld in wertvolle Bücher investiert hatte. Die Tantiemen aus der DDR, dem Ostblock und der Sowjetunion konnten nicht in den Westen gelangen, waren nicht konvertierbar.

Eine neue Lebensaufgabe

Marta wurde sich immer mehr bewusst, dass das Dasein als Dichterwitwe etwas Groteskes annehmen könne. Nach längeren Verhandlungen entschied sie sich 1959, das Haus mit Grundstück und die Bibliothek der *University of Southern California* (USC) gegen lebenslanges Wohnrecht zu übergeben. In der darauffolgenden Zeit nutzte sie die Möglichkeit, als Kuratorin dafür Sorge zu tragen, Geist und Stil im Sinne Lion Feuchtwangers zu erhalten. So, wie Lions Leben und sein Werk abgeschlossen in ein akademisches Forschungsobjekt übergingen, wurden das Haus, aber auch ein Teil ihres Lebens zum Ausstellungsstück.

In den Jahren bis zu ihrem Tod pflegte Marta Feuchtwanger das Andenken ihres Ehemannes und entwickelte sich dabei zu einer wichtigen Person des öffentlichen Lebens. Sie galt im Laufe ihrer letzten dreißig Jahre als eine Art Institution in Los Angeles für Wissenschaftler, Studenten und Tausende von Besuchern, die nach den Spuren des deutschen Exils in Kalifornien suchten. Sie äußerte ihre Sicht zu vielen Dingen, kannte sich in Lions Werk so aus, als wäre es das ihre. Auch politisch und kulturell war Marta aktiv.

Ihre Erscheinung blieb elegant. In orientalisch anmutende lange Kleider gehüllt, trug sie das Haar streng zurückgekämmt, zu einem akkuraten Knoten gebunden. In ihrer Haltung zeigte sich manchmal eine gewisse Starre, ihre Stimme klang oft hart und sie konnte zuweilen recht autoritär, sogar rechthaberisch sein.

In der passenden Gesellschaft begeisterte sie jedoch mit ihrem Humor und ihrem Erzähltalent. Marta umgab eine Aura, in der ihre vielfältige Lebenserfahrung und ihr aus vielen Quellen der Erinnerung gespeistes Selbstbewusstsein zum Ausdruck kamen.

Versöhnung mit Deutschland

Anlässlich ihres 75. Geburtstags wurde Marta Feuchtwanger das Bundesverdienstkreuz verliehen. Letztendlich versöhnte sie sich sogar wieder mit Deutschland und besuchte auf Einladung Willy Brandts (1913-1992) nach einigem Zögern 1969 das erste Mal wieder Berlin, München, Murnau, Feuchtwangen und Zürich.

Auf Anregung Golo Manns (1909-1994) besuchte Marta dessen Mutter Katia Mann (1883-1980) in Zürich. Unter den vielen Briefen, die sie miteinander getauscht hatten, fand sich der folgende von Katia an Marta zu deren 75. Geburtstag:

> Kaum könnte ich nachrechnen, wie lange wir uns kennen! Die enge Freundschaft brachte aber erst das gemeinsame Schicksal der Emigration.

> Ich denke zurück an Sanary, wo Ihr gastliches Haus der Mittelpunkt war der kleinen dorthin verschlagenen Gemeinschaft, ich erinnere mich vor allem an die Jahre in Kalifornien, die, in Hoffen und Bangen verbracht, im Grunde doch gute Jahre waren. Die vielen Abende schweben mir vor, am San Remo Drive oder in Ihrem schönen Heim oben auf dem Berg. Da walteten Sie unermüdlich und labten die Gäste, die Männer aber lasen abwechselnd vor aus ihren im Entstehen begriffenen Werken, und unvergeßlich ist mir Lions immer wache Empfänglichkeit, eine unter ‚Kollegen' schier einzigartige Eigenschaft. [...] Ja, es waren gute Zeiten. Nun sind wir beide allein. Aber Sie – so viel jünger als ich – [...] führen ein aktives fruchtbares Leben. [...] Immer wieder höre ich staunend von Ihrem sozialen Wirken, von Ihrer vielfachen Teilnahme am kulturellen Leben der Stadt. (K. Mann, zit. in: Flügge 2009, S. 377)

Auf einer zweiten Reise besuchte Marta 1971 die Städte Mainz, Berlin, Prag und Moskau und wurde bei den offiziellen Terminen sowohl in der Bundesrepublik wie auch in der Deutschen Demokratischen Republik ehrenvoll empfangen.

Nach Los Angeles zurückgekehrt, zog Marta Feuchtwanger ein positives Fazit der Reise. Sie teilte dem damaligen Außenminister Willy Brandt mit, dass sie neues Vertrauen gefunden habe: „Wir, die wir durch und um Deutschland litten, können von nun an mit größerer Zuversicht nach vorwärts sehen." (M. Feuchtwanger, zit. in: Flügge 2009, S. 378)

1976 traf Marta mit dem Regensburger Ludwig Max Fischer (1939-) zusammen, der beabsichtigte, in den USA für eine Doktorarbeit über Lion Feuchtwanger zu forschen. Die 85 Jahre alte Marta und der fast 50 Jahre jüngere Doktorand schlossen eine Vereinbarung: Sie würde ihn bei seinem Forschungsprojekt mit ihrem Wissen über Lion Feuchtwangers Leben und Werk unterstützen, während er die Sekretärs- und Chauffeuraufgaben für sie übernehmen sollte. Ihr kam dies auch deshalb sehr entgegen, weil sie zu der Zeit nicht mehr selbst Auto fahren durfte, aber die Gewohnheit aufrechterhalten wollte, jeden Tag mindestens zwei Empfänge zu besuchen.

In einem Feature des Bayerischen Rundfunks: *Der Schatz von Pacific Palisades – Marta Feuchtwangers Sekretär und Chauffeur Ludwig Max Fischer* vom April 2017, berichtete der aus Toronto angereiste, unterdessen emeritierte Literatur-Professor Fischer (1939-) über seine damalige Begegnung mit Marta Feuchtwanger u.a. folgende Passagen:

> Am späten Nachmittag sind wir dann entweder nach Brentwood, Bel Air oder nach Beverly Hills gefahren. Da war immer irgendein Empfang, entweder von einem Generalkonsul oder von einem berühmten Filmemacher.

> Sie trug immer Schwarz, war sehr chinesisch gekleidet ... Wenn sie in Gesellschaft auftrat, dann war sie la grande dame.
>
> Wenn die in einen Empfang ging, da haben sich die Leute umgedreht und wollten mit ihr sprechen. Innere Ruhe und innere Gelassenheit. Das merken die Menschen ... Von ihr aus ging ein Gefühl ‚Ich war dabei ... was da im 20. Jahrhundert passiert ist. Ich verneine da nichts, ich bereue da nichts, sondern das Leben war voll, es war erfüllt, und jetzt habe ich den Jüngeren was zu geben. Und das ist eben nicht die faltenlose Haut, sondern: das ist meine Erfahrung. Und diese Erfahrung, die strahle ich aus‘.
>
> Nicht alle Leute haben sie gemocht. ... Trotzdem würde ich sagen, dass sie oft mit großem Mut und Zivilcourage ihre Meinung geäußert hat. Auch ... gegenüber Prominenz, sie traute sich schon zu sagen, was sie gedacht hat. (Berlinger/Fischer 2017)

Diese außergewöhnliche Frau faszinierte durch ihre Schönheit, ihren selbstbewussten Witz und ihre Lebensklugheit ihre Zeitgenossen. Als Muse, Grande Dame, Ikone des deutschen Exils gehörte Marta Feuchtwanger neben Katia Mann zu den großen Dichterfrauen des 20. Jahrhunderts.

1980 wurde Marta die Ehrendoktorwürde durch die *University of Southern California* (USC) verliehen. Während ihrer letzten Lebensjahre nahmen Schwierigkeiten mit ihrem Gedächtnis zu, und sie musste in einem Heim leben, wo sie im Alter von 96 Jahren am 25. Oktober 1987 verstarb. Sie wurde neben Lion Feuchtwanger auf dem Woodlawn Cemetery Friedhof in Santa Monica begraben.

Würdigung

Mit dem Tode von Marta Feuchtwanger ging die Epoche des deutschen Exils in Kalifornien zu Ende. Nachdem Thomas Manns einstige Villa verkauft und völlig verändert wurde und Arnold Schönbergs Arbeitszimmer – hinter Glas – im *Schönberg-Institut* der *University of Southern California* (USC) rekonstruiert ist, war das Feuchtwanger-Haus der letzte authentische Ort des deutschen Exils. Die Bibliothek enthielt zahlreiche Erstausgaben vom 15. bis zum 20. Jahrhundert, kostbare Inkunabeln, unter anderem eine Nürnberger Weltchronik von 1493, und das bisher noch nicht aufgearbeitete Feuchtwanger-Archiv, das mehr als 18.000 Dokumente, Briefe und Entwürfe umfasst.

1995 wurde an der *University of Southern California* die *Feuchtwanger Memorial Library* eingeweiht, die neben Lion Feuchtwangers Bibliothek auch die Nachlässe von Marta und Lion Feuchtwanger und weiterer deutschsprachiger Emigranten beherbergt. Aus dem ehemaligen Haus der Feuchtwangers, der *Villa Aurora*, wurde eine Künstlerresidenz, in der bis heute deutsche Künstler aus verschiedenen Kunstsparten jeweils drei Monate wohnen und arbeiten können.

Marta Feuchtwanger hatte mit ihren persönlichen Entscheidungen und ihrem Einsatz nicht nur Lions Werk Verbreitung verschafft, sondern zum erweiterten Austausch von Künstlern und Literaturinteressierten beigetragen. Sie hat ein Lebenswerk hinterlassen, das die Erinnerung an sie lebendig hält.

Hélène de Beauvoir – Vom Talent zur anerkannten Kunstmalerin

Dieter Schoene

Jedem ist die berühmte Schriftstellerin Simone de Beauvoir (1908-1986) bekannt – aber wer kennt ihre jüngere Schwester, die Malerin Hélène de Beauvoir?

Biografisches

Am 09.06.1910 wurde Hélène in Paris geboren. Ihren Start ins Leben belastete ein Manko, denn die Familie reagierte enttäuscht auf die Ankunft eines zweiten Mädchens, alles verlangte nach einem Jungen. Die Eltern hatten zu Hélènes zweijähriger Schwester Simone ein zugewandtes Verhältnis entwickelt und lebten zu der Zeit im Wohlstand. Ihre Wohnung im Haus Nr. 103 am Boulevard du Montparnasse im vornehmen Viertel von Paris war mit Bädern, Balkon und großzügigen Zimmern ausgestattet und das Haus hatte einen Fahrstuhl. Louise, das Dienstmädchen, ging der Mutter zur Hand.

Die Mutter Françoise, geb. Brasseur (1885-1963), streng katholisch und tugendhaft, entstammte einer reichen Bankiersfamilie in Verdun (Département Meuse, DS). Françoise' Standesbewusstsein und ihre Ehe waren zum Zeitpunkt von Hélènes Geburt durch den finanziellen Ruin ihres bisher angesehenen Vaters Gustave Brasseur beschädigt. Ihr Vermögen verringerte sich spürbar.

Die Familie des Vaters Georges Charles Joseph Bertrand de Beauvoir (1878-1941) stammte aus dem Burgund und war seit 1786 geadelt. Monsieur de Beauvoir ging eher freudlos seinem Beruf als Rechtsanwalt am Pariser Kammergericht nach. Konservativ gebildet und in der französischen klassischen Literatur sehr belesen, widmete er sich leidenschaftlich dem Theater. Er konnte ganze Partien frei rezitieren und war als Amateurschauspieler erfolgreich.

Hélènes Eltern hatten unterschiedliche Einstellungen zum Leben: Während die Mutter als unerschütterlich religiös galt, machte sich der ungläubige Vater über die Religion lustig. Er verkehrte in der Welt der Künstler und Schauspieler, spielte Bridge und ging sonntags nicht in die Kirche, sondern auf die Pferderennbahn zum Wetten. Auf diese Weise verlebte er sein ererbtes Vermögen. Als die Mädchen mitbekamen, dass ihr Vater auch mit anderen Frauen verkehrte, verurteilten sie sein Verhalten. Dennoch faszinierte sie die väterliche Lebensart und sie folgerten daraus, dass Männern bevorzugt Freiheiten zugestanden werden und sie ihre Bedürfnisse ausleben dürfen. Sie fassten beide den Entschluss, später nicht das resignierte Leben der Mutter zu führen, für Haushalt und Kinder zu leben, sondern gleichberechtigt, unabhängig werden zu wollen.

In der frühen Kindheit war Hélène wechselnden Einflüssen ausgesetzt, einerseits erlebte sie großzügige Freiheit bei den Großeltern auf dem Lande und andererseits einen autoritären Erziehungsstil bei den Eltern in Paris.

Später verbrachte Hélène mit ihrer Schwester Simone die Sommerferien wiederholt im Schloss La Grillère des Limousin und auf dem Landgut der Großeltern in Meyrignac. Das Schloss gehörte ihrer Tante Hélène, der Schwester des Vaters. Hier bot die Bibliothek Gelegenheit zum vergnüglichen Lesen, und der großartige Park beeindruckte Hélène mit seinen prächtigen Pfauen besonders, sie finden sich in ihren späteren Gemälden wieder.

Beide Mädchen spielten leidenschaftlich Krocket und galten hierin als unschlagbar. Sie stromerten durch die herrliche Umgebung am Fuße der Berggruppe Monédières (französisches Zentralmassiv, DS), stöberten in Holzschuppen umher und erdachten sich geheimnisvolle Spiele. So imaginierten sie sich eine Welt, zu der die Erwachsenen keinen Zugang haben konnten. Die gemeinsamen Aktivitäten mit der älteren Schwester Simone ließen Hélènes Selbstwertgefühl wachsen. Sie nannten sich liebevoll Poupette für Hélène und Mone für Simone. Die alljährlichen Sommer waren der „Inbegriff von Freiheit" und weckten bei Hélène eine tiefe Liebe zu Natur und Tieren.

Simone, die bereits das private katholische Mädcheninstitut Cours Désir besuchte, bemühte sich, Hélène das Lesen, Schreiben und Rechnen zu vermitteln. Hélène erlebte es als ein großes Ereignis, als sie 1915 ebenfalls dort eingeschult wurde. Allerdings verstärkte sich in dieser Institution der bisher von der Mutter geforderte Gehorsam zu Gott nochmals. Hélène fühlte sich durch die eingebläuten Riten der Religion unterdrückt. Im Rückblick äußerte sie, dass die Religion als Drohmittel blinden Gehorsam forderte und ihr Leben vergiftet habe. Mit etwa 18 Jahren wendete sie sich vom Glauben an Gott ab.

Die Schule erlebte Hélène bis zum Abitur ohne besondere Anforderung, das Unterrichtsniveau war im Cours Désir mittelmäßig. „Wir lernten wie kleine Papageien, niemand sprach unsere Intelligenz an ... Die reinste Auswendiglernerei ... Paukanstalt." (H. de Beauvoir, zit. in: Sagner 2014a, S. 55) Sie war stets Klassenbeste und erfüllte damit die Wünsche ihrer Mutter Françoise.

Bis zu ihrem neunten Lebensjahr fühlte sich Hélène mit Simone eng verbunden. Das Verhältnis erlitt einen Einschnitt, als sich Simone der geradezu brillanten Mitschülerin Zaza (Elisabeth Le Coin, DS) zuwandte und Hélène in die Rolle einer Nebenfigur gedrängt wurde.

Hélène galt früh als ein folgsames Kind, äußerte mitunter vorlaut ihre Meinung. Der Außenwelt gegenüber war sie neugierig und aufmerksam. In ihrer Pubertät rebellierte sie vehement, aber konstruktiv:

> Auf mir lastete viel Schweres, Gott, der Cours Désir, Zaza, die Willkür meiner Mutter, alles das musste heraus, und ich kam in eine rebellische Phase. Ich wurde zerstreut, versuchte mich als Aufwieglerin ... stiftete ... alle Mädchen in meiner Klasse an ... und wir wurden schwer getadelt. Aber ich wusste noch etwas Besseres. Ich schuf *L'Écho du Cours Désir*, meine ganz private Satirezeitschrift, von mir persönlich gezeichnet und mit Texten von mir und Zaza. (H. de Beauvoir, zit. in: Sagner 2014a, S. 57f.)

Die inhaltlich relativ harmlosen Exemplare gingen von Hand zu Hand, allein das hätte genügt, Hélène der Schule zu verweisen. Ihr Erfolg und die gewonnenen Freundinnen machten sie selbstsicherer und sie spürte einen Beginn von Autonomie. Zu ihrer Schwester Simone blickte Hélène weiterhin auf. Sie erläuterte in den *Souvenirs*: „Sie war die Große ... ich bewunderte sie vorbehaltslos, und das mein Leben lang. ... Wir spielten miteinander, wir verstanden uns gut, wir hielten zusammen, aber wir stritten auch." (H. de Beauvoir, zit. in: Sagner 2014a, S. 48)

Vater de Beauvoirs Beitrag zu ihrer Bildung bestand in täglich mit schauspielerischem Talent von ihm vorgetragenen Literaturpassagen. Durch ihn lernten die Mädchen, erst acht- bzw. zehnjährig, Stücke vor einem Publikum zu deklamieren.

Im Cours Désir förderten die Lehrerinnen Hélènes Fähigkeit und übertrugen ihr größere Rollen. Die Mutter erweiterte die Bildung der Mädchen durch gemeinsame Besuche und Nutzung der Bibliothek nahe Saint-Sulpice. Der Zugang zu den Romanen der Weltliteratur begünstigte Hélènes spätere Belesenheit. Das familiäre Klima beschrieb Hélène in den *Souvenirs*:

> Sie (Mutter, DS) war eine gütige Frau und liebte uns. Dass sie so tyrannisch und dominant war, lag vor allem an der absurden, einengenden Erziehung, die sie selbst erhalten hatte. Und an ihrem Ungeschick. ... Als wir klein waren, herrschte in der Familie eine hervorragende Stimmung; ... in unserer

> Jugend war sie wirklich schlecht. ... Man zerreißt sich, und man liebt sich doch. (H. de Beauvoir, zit. in: Sagner 2014a, S. 73f.)

Die Mutter war durch das egoistische Verhalten des Ehemannes und den zunehmenden Geldmangel irritiert. Sie richtete ihren Frust gegen die Kinder und verbot ihnen auch kleinste Freiheiten mit der Warnung: Das gehört sich nicht! Für sie galt Neugierde als sündhaft. Deshalb strafte sie Hélènes Neugierde und ihren pubertären Drang zur Selbständigkeit mit weiteren Einschränkungen ab. Das führte dazu, dass die Mädchen zunehmend erfinderischer wurden. Sie begannen, die abendliche Abwesenheit der Mutter zu nutzen, und strichen in ihrem Bezirk umher: „Konnten ... ein bisschen Unabhängigkeit schnuppern, uns ein bisschen Freiheit verschaffen, diese Freiheit, die für das Leben so unverzichtbar ist und uns doch versagt wurde." (H. de Beauvoir, zit. in: Sagner 2014a, S. 50)

Vom Balkon der elterlichen Wohnung beobachteten die Geschwister das antibürgerliche Treiben auf dem Boulevard Montparnasse und das Künstlercafé La Rotonde. Die dort verkehrenden Gäste, unter denen Pablo Picasso (1881-1973), Amedeo Modigliani (1884-1920), Alberto Giacometti (1901-1966) und viele andere waren, wirkten auf sie lebendiger, selbstsicherer und freier. Hélène träumte davon, diesem Künstlermilieu, den *Montparnos*, anzugehören. Obwohl Mutter Françoise dieses Milieu ablehnte und den Zugang zu dieser Parallelwelt verboten hatte, widersetzten sich die Mädchen, tranken im Café ihren ersten Milchkaffee und fühlten sich wie im Himmelreich.

Simone hatte es durchgesetzt zur Großmutter ziehen zu dürfen. Danach konzentrierte sich die Willkür der Mutter noch stärker auf Hélène. Sie untersagte ihr zum Beispiel den Umgang mit Simone, um zu verhindern, dass Hélène moralisch, religiös und politisch schlecht beeinflusst würde. Hélène dazu:

> Simone beeinflusste mich nicht wirklich, nicht mehr als ich sie ... sie zwang mir nie etwas auf, ich folgte ihr aus ganz freien Stücken. Ich entwickelte mich an ihrer Seite, wir unterhielten uns, diskutierten, sie wusste viel, was ich respektierte, aber ich hatte meine Meinungen und sie ihre; zufällig deckten sie sich häufig, und wir kamen auf verschiedenen Wegen in ähnlicher Weise voran – so etwa später beim Feminismus ... Es war vollkommen absurd, uns trennen zu wollen. (H. de Beauvoir, zit. in: Sagner 2014a, S. 75)

Die Mutter befürchtete, dass ihre Töchter ihr überlegen werden könnten, wenn sie studierten. Deshalb verweigerte sie Hélène ihre Zustimmung für das Abitur. Vehement, aber sachlich begründend, warb Simone erfolgreich für ihre Schwester und erreichte, dass die Mutter diesem Bildungsgang zustimmte. Die Eltern sahen darin für Hélène auch Chancen, später eine gute Partie machen zu können.

Allmählich distanzierten sich die jungen Frauen von den Eltern, vermieden Auseinandersetzungen und vertraten sich ihnen gegenüber kultiviert in einer ruhigen, sachlichen Art. So setzte Simone es durch, dass die Mutter ihre Korrespondenz mit Hélène nicht mehr öffnete oder kontrollierte.

Trotz der negativen häuslichen Atmosphäre ließ sich Hélène nicht vom Lernen abhalten. Vielmehr stärkte es ihre Konzentrationsfähigkeit und ihr Durchhaltevermögen.

Der Vater hatte den Mädchen wiederholt gedroht, ihnen keine Aussteuer mitzugeben, sie sollten sich ihren Lebensunterhalt erarbeiten. Damit konnte er die Geschwister nicht irritieren, denn sie hatten bereits den Vorsatz gefasst, ein interessantes Leben anzustreben. Sie wollten umfassendes Wissen erwerben, gute Abschlüsse erreichen, nicht heiraten und autonom leben. Diese Zukunftswünsche hielten sie vor ihren Eltern geheim. Hélène drückte es so aus: „Aber selbst wenn man seinen Wunsch nicht ausspricht, kann man tief in sich selbst doch die Hoffnung nähren, dass man es eines Tages wagen wird.“ (H. de Beauvoir, zit. in: Sagner 2014a, S. 79)

Neben den familiären Kleinkriegen beeinflussten Hélènes Werdens-Prozess weitere Faktoren. Schon als Kind hatte sie 1914 den Beginn des Ersten Weltkrieges erlebt, der ihre Ferienidylle des Sommers zerstörte. Ihre späteren Erinnerungen dazu:

> Jahrelang sollte ich von Pferden träumen, die es nicht mehr gab. Herrliche Landschaften hallten von ihrem Galopp. Daher habe ich meine Liebe zu Pferden, in meiner Malerei sind sie ganz wichtig. (H. de Beauvoir, zit. in: Sagner 2014a, S. 35)

Hélène erinnerte in den *Souvenirs*, dass in Paris strenge Winter, eisige Nächte in der Wohnung und in den Hauskellern bei Bombenalarm zu überstehen waren. Mit phantasiereichen Heldenspielen versuchten die Mädchen die Stunden ihrer Angst zu bewältigen. Lebensmittelknappheit und Trauer um die Toten im Familienkreis prägten sich ihnen ein. Endlich beendete der Waffenstillstand im Jahr 1918 den Krieg. Eigentlich ein Tag der Freude. Für Vater de Beauvoir begann jedoch ein wirtschaftlicher Abstieg, er erzielte nur noch unzureichende Einkünfte. Die Familie musste aus der luxuriösen Wohnung in die Rue de Rennes 71 wechseln. Ihre Wohnung lag im fünften Stock und es gab keinen Fahrstuhl. „Wir lebten unter Einschränkungen, aber nicht in Armut.“ (H. de Beauvoir, zit. in: Sagner 2014a, S. 46)

Auf dem Weg zur Malerin

Mutter Françoise regte stets das Interesse der Mädchen für die Kunst an. Sie besuchte mit ihnen den Louvre, für Hélène später ein vertrautes Museum. Mit fünfzehn Jahren hatte Hélène verkündet, eine anerkannte Malerin werden zu wollen. Ihrem Lesestoff und ihren Beobachtungen nach erschien ihr das Leben der Künstler frei, unabhängig und originell. Darüber hinaus verfolgte sie das Ziel:

> Unbewusst wollte ich mich von meiner Schwester abheben. Das ist vermutlich auch einer der Gründe, warum ich zu zeichnen begann: Es war der einzige Bereich, in dem ich begabter war als sie. (H. de Beauvoir, zit. in: Sagner 2014b, S. 17)

Allgemein gehörte das Zeichnen zur Erziehung der Töchter aus gutem Hause. Hélène kritzelte von Kindheit an. Ihr imponierten die Schwarz-Weiß-Illustrationen von Gustave Doré (1832-1883) in dem *Märchenatlas* von Charles Perrault (1628-1703) und sie nahm ihn sich zum Vorbild. Die Eltern förderten ihr Talent, sie ermöglichten ihr private Zeichenstunden bei einer ausgebildeten Malerin. Dort übte sie sich über zwei Jahre lang an Motiven von Vasen und Blumen. Die Ausdauer dafür schöpfte sie aus ihrem inneren Willen.

Ihre Begabung belegen frühe Zeichnungen, die sie 14-jährig während ihrer Sommeraufenthalte im Limousin fertigte. Zu der Zeit phantasierte sie:

> Wenn ich ein großer Maler wäre, würde ich humoristische Bilder malen wollen, aber lustig wären sie nur für mich allein. Sonst würde ich meine Sicht auf die Welt verfälschen, denn das hieße, dass alle sie sehen wie ich. Der Maler muss jedem zeigen, was er sehen will, und sich immer ein eigenes Eckchen vorbehalten, wo er ganz leise lachen kann. (H. de Beauvoir, zit. in: Sagner 2014a, S. 80f.)

Gleichzeitig zweifelte sie:

> Malerin zu werden ist zu schwer für mich. Dazu braucht man Genie. Und ich habe ganz sicher kein Genie, schließlich bin ich bloß eine Frau. Eine ganze Zeit lang versuchte ich ... mich zu beweisen, zu sehr zu beweisen ... Und in der Kunst darf man nie versuchen, sich zu beweisen, sondern muss tun, was man tun möchte, was man mag. (H. de Beauvoir, zit. in: Sagner 2014a, S. 81)

Anfang des 20. Jahrhunderts reglementierten die Männer den Zugang zu den öffentlichen Kunstakademien, die schöpferischen Frauen wurden auf dekorative Bereiche an Privatschulen verwiesen.

Die minderjährige Hélène benötigte für ihre Ausbildung zur Kunstmalerin die Einwilligung ihrer Eltern. Erschwerend war die kritische Haltung des Vaters gegenüber den Künstlern der Moderne. Er äußerte seine Abwehr zum Beispiel über Picasso: „Das ist doch eine Schande! So einen müsste man erschießen!" (H. de Beauvoir, zit. in: Sagner 2014a, S. 86)

Obwohl die Eltern sie immer zum Malen ermuntert hatten und ungeachtet ihres erfolgreichen Abiturs, lehnten sie das klassische Kunststudium ab. Stattdessen oktroyierten sie der siebzehnjährigen Hélène die weiterbildende Schule für dekorative Techniken. An dieser École et Ateliers d'art sollte sie den Abschluss zur Raumausstatterin erreichen. Wenngleich ihr dies widerstrebte, kam Hélène den dortigen Anforderungen gewissenhaft und fleißig nach.

Ihrem Wunsch, die École d'art et publicité parallel zu besuchen, stimmten die Eltern überraschend zu. Sie hatten keine Kenntnis davon, dass dort in der Frauenklasse u.a. anatomisches Zeichnen mit lebenden Modellen zum Lehrstoff gehörte. Unermüdlich erweiterte Hélène ihr künstlerisches Spektrum: morgens in der Kunstgewerbeschule und abends in Kursen an den privaten Kunstschulen: „Man konnte zeichnen, wie man wollte ... Zeichnen bis zur Trunkenheit ... Maler jeden Alters und aus allen Lagern nutzten dort günstig die lebenden Modelle." (H. de Beauvoir, zit. in: Sagner 2014a, S. 85)

Welches Milieu hatte sich ihr, der Tochter aus gutem Hause, hier offenbart! Weibliche und männliche Akte! Glücklicherweise blieben diese Inhalte und Umstände den Eltern verborgen. Der lockere Umgang, die direkte Sprache der männlichen Kollegen waren ihr zwar neu, härteten sie aber weitgehend ab. Sie verlor ihre Empfindlichkeit und Scheu immer mehr, erlebte es als Freiheit pur.

Für Hélène hatte sich die häusliche Atmosphäre nach Simones Auszug verschlechtert. Den Eltern fehlte es an Verständnis für die Zwänge, die ein Studium mit sich brachte. Kosten für Materialien, den Unterricht und das Fahrgeld trug Hélène mit Unterstützung Simones.

Der Umgang der Schwestern miteinander war durch die elterlichen Vorbehalte erschwert und überwiegend nur heimlich möglich. Hélène revoltierte dagegen, anstatt ihre Kurse aufzusuchen, traf sie sich mit Simone. Gemeinsam genossen sie die Freiheiten der sogenannten Parallelwelt.

Dennoch verfolgten beide Schwestern ihre ursprünglichen Ziele: Simone studierte an der Sorbonne und Hélène bildete sich an den privaten Akademien weiter. Wichtig für Hélène wurde die Freundschaft mit ihrer Kommilitonin Géraldine Pardo (genannt Gégé, DS), die ein Leben lang hielt.

Hélène wurde von Simone in deren Philosophenrunde eingeführt und erlebte die hochtrabenden Debatten der jungen Studenten mit, zu denen die später bedeutenden Persönlichkeiten wie Jean-Paul Sartre (1905-1980), René Maheu (1905-

1975), Maurice de Gandillac (1906-2006), Raymond Aron (1905-1983), Claude Lévi-Strauss (1908-2009) und Paul Nizan (1905-1940) gehörten. Anfänglich fühlte sie sich unwissend und verhielt sich schüchtern. Später hatte Hélène Gelegenheit, dieser Gruppe Zeichenunterricht zu erteilen, bekam dafür Anerkennung und fühlte sich zugehöriger.

Das Jahr 1929 war für Hélène und Simone besonders aufregend, weil sich Maurice Merleau-Ponty (1908-1961) zu ihnen gesellt hatte. Er, der als sympathisch, charmant und unnahbar galt, hatte in Hélène ein Gefühl geweckt, das jedes Zusammentreffen noch um einen Hauch gewichtiger machte. Doch ihre unstillbare, ausschließliche Leidenschaft galt vorrangig dem Zeichnen.

Für ihre Existenzsicherung nahm Hélène Gelegenheitsarbeiten bei einer renommierten Werbeagentur an. Sie scheute sich nicht, serienweise Aufkleber für Konservendosen oder Flaschen zu zeichnen. Zusätzlich erhielt sie spärliche Aufträge von ihrem Großcousin Champigneulle, der Direktor einer kleinen Werkstatt für Glasmalerei war. Champigneulle vermittelte ihr eine Anstellung bei dem angesehenen Glasmaler Jean-Jacques Gruber (1870-1936). Bei geringen Einkünften bekam sie einen Vorgeschmack auf das Künstlerleben.

Hélène freundete sich mit dem Maler Francis Gruber Junior (1912-1948) an und profitierte von dessen umfassenden Kunstkenntnissen. Er bewahrte sie vor Übergriffen seiner wilden Malerkollegen in dem väterlichen Studio. Hélènes Malerei hielt er für künstlerisch bedeutsam, regte sie gleichzeitig an, sich an der L'Académie Scandinave von deren sehr guten Lehrern weiterbilden zu lassen. 1930 begann Hélène dort zu studieren.

Hélène, endlich einundzwanzig Jahre alt, eingebettet in die Sphären des Geistes durch Teilnahme an dem anspruchsvollen Debattier-Clan der Pariser Intellektuellen und dem intensiven Austausch mit Simone und Sartre, befreite sich von den erlebten Dressaten. Sie freundete sich mit dem Maler Emanuel Mané-Katz (1894-1962) und anderen Vertretern der Pariser Kunstszene an.

Zusammengefasst entfaltete sich in den ersten Jahrzehnten des 20. Jahrhunderts neben dem Expressionismus die „Klassische Moderne" im Konstruktivismus, Kubismus, Fauvismus, Orphismus, Surrealismus etc. und damit die abstrakte Kunst. Hélène setzte sich von der aktuellen Kunstszene, der dominierenden Abstraktion, ab. Sie bevorzugte die Künstler der figurativen Malerei.

Bei Besuchen der von Francis Gruber organisierten bunten Runde im Lokal Dome lernte Hélène die *Montparnos* kennen, jene Künstler, deren geballtes Talent auf alle eine Aura von Zugehörigkeit ausstrahlte. Mit Simone besuchte sie das Bistro Chez Solange im Quartier Latin. Musette tanzen, im Bal des Anglais, gehörte für Hélène zur persönlichen Muße.

Hélène schrieb in den *Souvenirs*: „Wir waren längst eine geopferte Jugend." (H. de Beauvoir, zit. in: Sagner 2014a, S. 115) Sie bezieht dies auf die Zwischenkriegszeit, in der der Spanische Bürgerkrieg, zwei Millionen Arbeitslose, die Volksfront, Faschismus, Nationalsozialismus und der Zweite Weltkrieg noch bevorstanden. Einerseits habe sie sich in dieser Zeit sorglos gefühlt, andererseits hätten diese Ereignisse ihre Zukunft und ihr Lebensgefühl verdunkelt. Trotz aller belastenden Erfahrungen, bis hin zu persönlicher und materieller Not, verfolgte sie ihre Ziele und meisterte schwierige Lebenssituationen.

Der spanische Maler Fernando Gerassi (1899-1974) interessierte sich für Hélènes Kunstversuche und bot ihr 1930 die Mitnutzung seines Ateliers an. Er schulte ihren Blick auf die Malerei in Form der Bilddeutung und -beschreibung. Darüber hinaus gab er ihr den Impuls, sich mehr der Moderne zuzuwenden, da ihr Festhalten am Klassizismus sie einenge. Diesen Schritt traute Hélène sich noch nicht zu. Nach ihrer Auffassung hätte sie erst die Grundlagen erlernen müssen, um sich dann wieder davon zu lösen und frei für eigene Impulse zu werden.

Für ihre Weiterbildung konnte sie die Einladung des Ehepaares Gerassi nach Madrid nutzen. Im Prado studierte sie bevorzugt die figurativen Werke u.a. Diego Velázquez' (1599-1660) und Francisco de Goyas (1746-1828).

Währenddessen hatten Simone und Sartre den Pakt geschlossen, miteinander eine unkonventionelle Liebesbeziehung zu führen. Simone arbeitete und lebte für ein Jahr als Gymnasiallehrerin in Marseille. Hélène besuchte sie dort und malte im Novemberwinter am alten Hafen, badete im kalten Mittelmeer und genoss den blauen Winterhimmel Südfrankreichs. Zurück in Paris ging sie mit Sartre sonntags regelmäßig spazieren und führte mit ihm vertrauensvolle Gespräche über Simone oder über ihre jeweiligen Arbeiten. Dabei gelang es ihr ab und zu, den mit seiner Arbeit unzufriedenen, deprimierten Sartre aufzumuntern. Der einsetzende Krieg lockerte die über ein Jahr miteinander gepflegte Freundschaft zwischen Hélène und Sartre. Später berühmt, blieb Sartre weiter an ihrer Malkunst interessiert und ermutigte sie in ihrer Entwicklung.

Hélène besserte ihre Einkünfte durch das Porträtieren der von Sartre und Simone geliebten Olga Kosakievicz (1915-1983) auf und unterrichtete deren Schwester Wanda (1917-1989) ein Jahr lang im Zeichnen. Für Simone und Sartre schrieb sie gegen Entgelt die schwierigen Buchmanuskripte mit der Maschine ab. Immer wieder sollte sie das Thema Geld als Freischaffende plagen: „Arbeiten und nicht malen, oder malen, ohne Geld für Material zu haben ... Jeder Künstler träumt davon, von seiner Kunst leben zu können." (H. de Beauvoir, zit. in: Sagner 2014a, S. 120)

Ein Zufall begünstigte Hélène im Jahr 1934. Auf Gerassis Empfehlung stellte sie Jacques Paul Bonjean (1899-1990), der Betreiber der Galerie Bonjean, als Sekretärin ein. Über diese Aufgabe hinaus durfte sie beim Hängen der Bilder helfen, zu denen u.a. die Kunstwerke des anspruchsvollen Jean Cocteau (1889-1963) gehörten. Eine überwältigende Ausstellung erlebte sie, als anlässlich der Werke Salvador Dalís (1904-1989) die gesamte Pariser High Society zur Galerie Bonjean pilgerte.

Durch die Auswirkungen der Wirtschaftskrise konnte Hélène nur verkürzt arbeiten. Es mangelte ihr zwar an Geld, aber die Freude an ihrer Eigenständigkeit überwog. Zufällig entdeckte sie ihr erstes Atelier in der Rue Castagnary. In ihrem nächsten Atelier in der Rue Santeuil arbeitete sie monatelang von morgens bis abends. Simone erwähnt dazu in ihrem Buch *In den besten Jahren* (1960): „Sie führte ein hartes Leben voll materieller Schwierigkeiten und ertrug es mit einer Heiterkeit, die ich bewunderte." (S. de Beauvoir, zit. in: Sagner 2014a, S. 125)

In Paris fertigte Hélène am Ufer der Seine und in den Akademien Skizzen an. Allmählich stapelten sich Skizzenblöcke neben Zeichnungen, Kupferstichen und Leinwänden. Beim Betrachten ihrer Arbeiten war sie unzufrieden und glaubte, außer ein paar Grundtechniken nur wenig während ihrer Studien gelernt zu haben.

1935 reiste sie allein, nur mit geringen finanziellen Mitteln ausgestattet, zu Studienzwecken nach Italien. Von Florenz war sie begeistert, die Uffizien beeindruckten Hélène mehr als der Louvre. Rom, Neapel und Capri, alles wollte sie sehen. Im Nachhinein machte sie sich klar, dass weniger mehr sei.

Erste große Einzelausstellung

Anfang Juni 1936 gab ihr der Galerist Bonjean die Möglichkeit, in seiner Galerie etwa vierzig ihrer Bilder auszustellen. Sie wählte mutig aus, kombinierte unterschiedliche Genres und spürte dabei wehmütig, dass diese Bilder zum letzten Mal nur ihr allein gehören würden. In der Zeit schwankte sie zwischen Freude, Angst, Zweifeln und haderte mit den Ergebnissen ihrer Malerei. Ihr Debüt erlebte sie als persönlichen Erfolg. Die Kritiker lobten ihre Eigenständigkeit, ihren frischen Mut und ihr kraftvolles Talent. Pablo Picasso bezeichnete ihre Malerei als originell. Simone de Beauvoir notierte begeistert: „Zur Vernissage kam sehr viel Publikum, die Kritik war sehr vorteilhaft. Ihre Landschaften und Porträts beweisen ihr Talent.“ (H. de Beauvoir, zit. in: Sagner 2014a, S. 140)

Über zwei Wochen lang waren ihre Schätze in der Galerie ausgestellt. Hélène, gerade 26 Jahre alt, signierte ihre Bilder von diesem Zeitpunkt an mit H. de Beauvoir. Zu bedauern bleibt, dass das gesamte Ausstellungsmaterial in den Kriegswirren des Zweiten Weltkrieges entweder gestohlen wurde oder verschollen blieb.

Beruflich war Hélène erfolgreich. Unabhängig, wie sie sich fühlte, wollte sie ihr Privatleben tabu- und konventionsfrei führen. Etwas naiv, doch überzeugt äußerte sie in den *Souvenirs*: „Ich will leben wie ein Mann. Ich suche mir meine Liebhaber selber aus. Ich will niemandem gehören ... Ich mochte schöne Männer, und das war nicht nur ein ästhetisches Vergnügen." (H. de Beauvoir, zit. in: Sagner 2014a, S. 134) Eine Zeitlang berauschte sie sich auf diese Weise. Ein Schwede, der mit ihr das Atelier teilte, stahl ihr ein Gemälde und versetzte es. In den *Souvenirs* kommentierte sie dies so: „Ja, er war sehr schön, aber das genügte eben nicht!" (H. de Beauvoir, zit. in: Sagner 2014a, S. 134)

Die große Liebe erlebte sie in einem längeren Verhältnis mit dem Dramatiker Jean Giraudoux (1882-1944). Sie hatte sein Buch *Die Irrfahrten des Elpenor* (Gefährte von Odysseus, DS) illustriert. Der an sich in Liebesdingen freizügig denkende Sartre kritisierte die Beziehung, da Giraudoux verheiratet war. Weder dessen unwiderstehlicher Charme noch Hélènes anfängliche Verliebtheit ließen sie über dieses Hemmnis hinwegsehen, sie beendete diese Liaison.

1933 spielte der Zufall wieder eine wichtige Rolle im Leben von Hélène. Mit ihrer Schwester Simone, von Paris auf dem Weg nach Rouen, begegneten sie in ihrem Zugabteil zwei jungen Männern, die sich über ein von Sartre empfohlenes Buch unterhielten. Simone flüsterte Hélène ahnungsvoll zu, dass einer von ihnen Lionel de Roulet (1906-1990), ein Meisterschüler Sartres, sein könnte. Über spätere Begegnungen äußerte Hélène, dass sie Lionel ganz nett gefunden hätte. Auf seine Werbung, ihn zum Wintersport nach Gstaad ins Val d'Isère zu begleiten, ging sie ein und verhielt sich, vom Skifahren begeistert, wagemutig bis leichtsinnig und genoss die hochgeschätzten Freiheitsgefühle. Diese Reise blieb ihr unvergesslich!

Später verabredeten Lionel und Hélène sich zu weiteren Spaziergängen, manchmal zum Tanzen im Beisein von Gégé (Pardo, Géraldine, DS). Sie erlebte ihn sympathisch und feinfühlig. Lionel erkrankte im Anschluss an eine kurze Spanienreise an Scharlach und wurde auf einer Isolierstation in Paris medizinisch betreut. Hélène besuchte den hinter einer Glasscheibe liegenden und bleich aussehenden Lionel und war von dessen Zustand sehr betroffen. Diese Situation weckte ihr Mitgefühl und löste Fürsorgeimpulse aus. Vom Scharlach gerade genesen, diagnostizierten die Ärzte bei Lionel eine beginnende Tuberkulose. Dies erschütterte nicht nur Hélène, sondern auch Sartre und Simone, die bei ihren täglichen Krankenbesuchen von seiner Tapferkeit berührt waren. Er war sich seiner lebensbedrohlichen Lage bewusst. „So keimte und wuchs ein Gefühl, das sehr viel mächtiger war als Freundschaft." (H. de Beauvoir, zit. in: Sagner 2014a, S. 147)

Charakteristisch für den liebesfähigen Menschen ist die Grundstimmung der Heiterkeit oder Freude. Natürlich unterliegt auch er alltagsbedingten Schwankungen, aber ein wirklich Liebender kommt immer wieder auf sie zurück.

Darin bekundet sich seine Weltoffenheit, seine Selbst- und Fremdbejahung, die errungene Freiheit im Leben und Sich-Verwirklichen. Heiterkeit und Freude sind – wie Sartre sagt – ‚die Erkenntnis der Freiheit durch sich selbst'. Freie Menschen lassen sich nicht allzu oft verstimmen, sondern fühlen sich im Einklang mit der Welt, trotz deren Beschwerlichkeiten und Mängel. (Rattner/Danzer 2001, S. 83)

Oft ist es ein zufälliger Augenblick, wie Hélène ihn zu ergreifen wusste. Ein mehr oder minder konstantes Hinfließen des Ich zum Du, ein Gerichtet-Sein auf sein Wohl und seine Entfaltung kann offensichtlich mit der Liebe zum Mitmenschen Impulse vorausspringender Fürsorge (Martin Heidegger, 1889-1976) auslösen. Mit den täglichen Besuchen beim todkranken Lionel wuchs bei Hélène die Sorge für das Selbstsein und Selbstwerden des anderen. Sie hatte ihn tanzend, heiter lachend, sportlich mutig und zielstrebig lernend erlebt. Jetzt zeigte er sich höchst geduldig, wie er sich in seine Situation einschmiegen konnte und kraftvoll hoffte, dass Krankheiten zu überwinden sind. Sie bewunderte sein „Dennoch". Die ehrliche Betroffenheit und Sorge um ihn, die vielen Besuche von Hélène, Simone und Sartre, trugen zu seinem Gefühl der Geborgenheit in der mitmenschlichen Welt bei. Auch eine liebenswürdige Tante, die ihm Schutz und Hilfe gab, verstärkte seine positiven Gefühle zum Leben. „Wer so im Sein verwurzelt ist, hat Selbstvertrauen und kann sich vertrauensvoll an ein geliebtes Wesen anschließen." (Rattner/Danzer 2001, S. 82)

Ein neuerlicher Zufall gestaltete 1935 ihre gemeinsame Zukunft. Sie hatten ihr künftiges Künstleratelier aus Holz und Wellblech gemeinsam entdeckt und besiegelten bei einem Mittagessen den Bund für eine Lebensgemeinschaft. Das Atelier in der Rue Santeuil wurde Glücksquell und lebensbestimmend zugleich. Lionel war empathisch, feinfühlend für den Wert des Lebens, bedrängte sie nie und akzeptierte ihre Freiheitswünsche.

Der gespürte Gleichklang, das Anwachsen emotionaler Bindungsimpulse und Zuversicht könnten die Erfüllung eines sehnsüchtigen Gefühls ausgelöst haben, um sich frei dem Du hingeben zu können. Allein, dass Hélène ein Porträt von Lionel malte, drückte auch ihre innige Zuneigung zu ihm aus. Als Künstlerin musste sie in eine gefühlte Beziehung zu dem Porträtobjekt treten und den Wesenskern des Anderen erspüren, um eine substanzielle Ähnlichkeit malen zu können. Das Bild zeigte Lionel in einer recht privaten Situation, und zwar mit Vollbart und im Pyjama. In der Galerie de Paris hing das Porträt von Lionel als ihre erste Leinwand. Sie mochte das Bild sehr; leider wurde es ihr gestohlen. Dieses Porträt von Lionel (1935) markierte den Beginn von Hélènes offizieller Malerkarriere.

Bald belastete ihre Beziehung die Diagnose einer fortgeschrittenen Knochentuberkulose Lionels. Zur weiteren Behandlung verlegten ihn die Ärzte in das Sanatorium in Berck-sur-Mer am Atlantik. Hélène erlebte Lionel vor der Operation als tapfer lächelnd und im vollen Besitz seiner Kräfte. Nach einem Jahr hingegen empfing er sie mit wachsbleichem Gesicht, wie vom Tode gezeichnet.

Er hatte unterdessen, soweit es die Krankheit zuließ, über Heidegger philosophiert und sich bereits auf mögliche Examina vorbereitet. Die akademischen Abschlüsse legte er zwischen den Rückfällen seiner zehn Jahre andauernden Krankheit ab. „Gesund wurde er, weil er es wollte, weil er das Leben liebte." (H. de Beauvoir, zit. in: Sagner 2014a, S. 148)

1938 hatte er einen erneuten Eingriff zu überstehen, der nur zufriedenstellend verlief. In dieser alle belastenden Situation wählten sie getrennte Wege. Lionel reiste mit seiner Mutter, die mit dem anerkannten portugiesischen Maler Carlos Filipe Porfirio (1895-1970) liiert war, zur Rekonvaleszenz nach Portugal. Hélène verbrachte den Winter in La Grillère. Zur Erholung malte sie, machte lange Spaziergänge und las in der umfangreichen Bibliothek.

Lionel lebte in dem komfortablen Haus und unter der Fürsorge der Mutter auf. Das Licht, die Wärme, die Ruhe in Faro (Portugal, DS) steigerten seinen Genesungsprozess, seinen Lebenswillen und seine Gesundung.

Im März 1940, als Hélène aus La Grillère nach Paris zurückkehrte, unterbreitete ihr Simone sofort den Vorschlag, zu Lionel nach Portugal zu fahren. Für die Reisekosten und den Aufenthalt wollte Simone aufkommen.

Nach Portugal

Am 9. Mai 1940 erreichte Hélène Portugal. Nichtahnend, dass sie der Besuch durch die Invasion Deutscher Kriegstruppen in Frankreich und Grenzschließungen über fünf Jahre von Simone trennen würde.

Lionel leitete zu der Zeit als Direktor das Institut Français Algarve und war gleichzeitig Sekretär der Kulturkammer von Faro. Er pflegte Kontakte zu Gegnern des Regimes von Portugals Ministerpräsidenten António de Oliveira Salazar (1889-1970) und verkehrte mit einflussreichen Intellektuellen.

Hélène richtete sich vor Ort ein, unterrichtete privat und kostenlos zwei Jahre lang Französisch am Lyzeum und am Französischen Institut in Faro. Bei der portugiesischen Zensur galten diese Kurse für Arbeiter als subversiv und das Regime verbot sie. In der portugiesisch-französischen Zeitung *Afinidades*, deren Redakteur

Lionel war, verfasste Hélène einige Artikel über Kunst und Malerei, sowie Simone de Beauvoir über Literatur. Sie lernte weitere Autoren und Künstler kennen wie: Albert Camus (1913-1960), Antoine de Saint-Exupéry (1900-1944), André Malraux (1901-1976), André Gide (1869-1951), den Bildhauer Ernesto Canto da Maya (1890-1981), den Maler Carlos Bothelo (1899-1982) und den Journalisten Hubert Beuve-Méry (1902-1989).

Mit ihren dreißig Jahren verspürte Hélène in sich den Furor einer leidenschaftlichen Malerin. Sie war beseelt von den afrikanischen Farben, den blühenden Mimosen, den spitzen Agaven, den steilabfallenden Klippen an der Westküste Portugals, den typisch weißen Häusern und barocken Kirchen, dem mediterranen Blau des Meeres und des Himmels. Unter dem für sie sinnlich wahrgenommenen neuen Licht entstanden Landschaftsbilder von Faro und Albufeira. Unzählige Skizzen, u.a. von Feldarbeitern, Ackertieren und Fischern, belegten ihren Fleiß. Ihr besonderes Interesse galt der portugiesischen Frau, als tragende Kraft der Gesellschaft, in der Saline, auf dem Markt, bei der Feldarbeit oder im Haus.

Die Art und Weise, wie Hélène de Beauvoir die weibliche Figur in die Landschaft integrierte, veranschaulichte die Verbindung von Weiblichkeit und Natur vor dem Hintergrund der realen Arbeitswelt. (Sagner 2014b, S. 83)

Ungeachtet der sozialen Barrieren kam sie mit den unterschiedlichsten Menschen zusammen. Sensibel für die gesellschaftliche Realität und die harte Arbeitswelt des Volkes widmete sie sich in ihren Bildern zunehmend ländlichen Genreszenen. Sie zeigte das alltägliche soziale Drama und die Härte der Arbeitswelt in sengender Hitze sowie das Leid der Alten und Ausgegrenzten. Es war ihr Anliegen, die Demut und Friedfertigkeit der unteren Schichten sichtbar zu machen. Dies als Kontrast zu dem strikten Klassendenken in der Diktatur Portugals.

Unter Salazar drohte eine Ausweisung, woraufhin Lionel ihr die Eheschließung anbot. Die standesamtliche Trauung fand am 22.12.1942 in Lissabon statt. Der Küstenort Senhora da Rocha inspirierte Hélène während ihrer Flitterwochen zum Malen. Es entstanden Stadtansichten von Leiria, vor allem aber Porträts von Frauen in typischer Landestracht.

Im Jahr 1944 verlegte das Ehepaar seinen Lebensraum nach Lissabon, einem weiteren Zentrum für Hélènes künstlerische Entwicklung. In ihrem Atelier traf sie mit Persönlichkeiten aus Kunst und Literatur zusammen.

Lionel war an das dortige Institut Français berufen worden. In ihrer Freizeit bereisten sie zentrale Landesteile und Küstenorte wie Nazaré, Tomar, Coimbra etc. Viele der besuchten Orte finden sich in ihren Aquarellen oder Gemälden wieder. In der Malakademie von Lissabon wandte sie sich der Aktmalerei zu. Insgesamt entstanden in Portugal einhundert Bilder. Hélène arrangierte Ausstellungen: 1942 in Leiria, 1943 in Porto, 1944 in Lissabon.

Lionel, seit 1946 als gesund geltend, wurde in seiner diplomatischen Tätigkeit an verschiedene Orte berufen. Für Hélène, die ihn begleitete, waren es spannende Jahre. Sie folgte ihm nach Wien. Dort empfand sie die bedrückende Situation der Nachkriegszeit als unerträglich und war außerstande zu malen. Mit Lionel nach Belgrad versetzt, musste sie dort trotz des Mangels an Lebensmitteln offizielle Einladungen arrangieren. Ihre Malfreude war durch die Umstände eingeschränkt, dennoch fand sie Kraft und Zeit für Skizzen.

Als das Ehepaar 1948 in seine Heimatstadt Paris zurückkehrte, stellte Hélène sofort ihre Werke mit den figurativen portugiesischen Szenen in der Galerie Jeanne Castel aus. Die Betrachter faszinierten die Motive, die schonungslos die redliche Leistung der arbeitenden Frauen im Arbeitsalltag Portugals ausdrückten.

Erfindungsreicher und origineller entwickelte sich ihre Malkunst während ihres einjährigen Aufenthaltes mit Lionel 1949 in Marokko (Casablanca). Die Farbtöne waren leuchtender und bei den Formen und Figuren in ihrer Linienführung mit angedeuteten Bewegungen klarer. Eine kreative Befreiung.

Bedrückend empfand sie, trotz exotischem Zauber, die bittere Armut und die allgegenwärtigen Kolonialattitüden der Franzosen. Für die 1951 in der Pariser Galerie 55 öffentlich gezeigten fünfunddreißig Bilder und zwölf Stiche bekam Hélène Anerkennung und zunehmende Wertschätzung. Der Dichter Philippe Soupault (1897-1990) schrieb über die Marokko-Bilder:

> Für eine Künstlerin vom Talent der Hélène de Beauvoir geht es, wenn sie malt, nicht darum, Probleme zu lösen. Sondern um etwas viel Bedeutenderes: Sie entdeckt Neuland. Sie entdeckt, und das in vollkommener Aufrichtigkeit und ganz getreuem Ausdruck, die Welt, in der die Farbe vom Licht verherrlicht wird. Tunlichst, und durchaus mit Erfolg, meidet sie die harmlose Leichtigkeit, die nur zu oft als Grazie oder Anmut bezeichnet wird, alles, was einen auf den ersten Blick verführen würde. Sie dagegen erreicht Strenge ... Die ... Gemälde und ... Stiche ihrer Ausstellung lehren uns als Erstes, wie mutig sie ist. Eine Seltenheit bei einem Maler: sie trickst nicht mit ihrem Motiv. Man spürt, sie beherrscht ihr Handwerk so sicher, weil sie leidenschaftlich gerne malt. Kann man unberührt bleiben von dieser fast asketischen Freude der Künstlerin, die sich der technischen Schwierigkeiten bewusst ist und sie mit Begeisterung überwindet? (Soupault, zit. in: Sagner 2014a, S. 209)

Mailand – Hélènes glücklichste Zeit

Von 1950 an war Lionel in Mailand für acht Jahre als Diplomat mit den Aufgaben eines Kulturattachés betraut. In dieser kulturell lebendigen Stadt hatte Hélène Kontakt zu der künstlerischen und intellektuellen Elite Italiens, zum Beispiel dem Schriftsteller Elio Vittorini (1908-1966). Bei der Eröffnung der Mailänder Skala begegnete sie der Sopranistin Maria Meneghini-Callas (1923-1977). Hélène war von deren Stimme so begeistert, dass sie sich von nun an beim Malen durch den Gesang der Callas inspirieren ließ. Neben dem Hören von Musik ließ sie sich auch von der prachtvollen Natur anmuten. Sie malte unter anderem farbenfrohe Bilder des Sujets *Mondinen* (Reisarbeiterinnen auf den Feldern der weiten Poebene, DS). Dabei:

> ... setzte eine grundlegend neue Bildsprache ein, in der das individuelle Bemühen um eine Einheit von Figuration und Abstraktion, von Realität und Poesie, von realem und magischem Raum auf kongeniale Weise eingelöst wurde. (Sagner 2014a, S. 19)

Hélène fesselte stets die Beziehung der Frauen zur Erde, zum Wasser, zum Himmel. „Sie hat dieser zentralen Thematik in luft- und lichtdurchwirkten Farbkaleidoskopen poetischen Ausdruck verliehen." (Sagner 2014b, S. 101) Eine ähnliche Virtuosität zeigen die späteren Bilder von Venedig:

> „Poetisch-konstruktive Visionen der Stadt. Brücken, Gondeln und Architekturformen wurden auf schwungvolle Arabesken und Wölbungen reduziert und in ein flirrendes Gewebe aus kristallin aufgesplitterten Farbformen eingebettet". (Sagner 2014b, S. 102)

Die Ausführungen der Bilder dieser Periode lobten die Kritiker einhellig als einen Schritt in ihre künstlerische Meisterschaft. Sie rühmten die Fülle ihrer weiterentwickelten Bildsprache wie ihre ausgeprägte Sensibilität. Hélène erreichte mittels dieser Gestaltungsformen den Durchbruch. Ab 1951 präsentierte sie ihre Bilder mit großem Erfolg. In Paris unter den Titeln: *Kuben, Prismen und Kristalle – Variationen über Venedig* und *Träumereien*. Weitere Veröffentlichungen fanden in Florenz, Mailand, Pistoia, Straßburg, Hamburg und anderen Städten statt. Simone schrieb über diese Phase Hélènes: „Die Gemälde meiner Schwester waren gewagter und inspirierter und übertrafen die früheren Werke bei Weitem." (S. de Beauvoir, zit. in: Sagner 2014a, S. 234)

Unentwegt entwarf sie Tuschezeichnungen, Holzschnitte und Kupferstiche, dabei stets auf der Suche nach ihrem idealen Bild. Für ihre unterdessen als Schriftstellerin berühmt gewordene Schwester Simone de Beauvoir illustrierte sie mit Original-Kupferstichen deren Neuauflage der Bücher *Sie kam und blieb* (*L'Invitée*, 1943) und *Alle Menschen sind sterblich* (*Tous les hommes sont mortels*, 1946).

Während Lionel als Mitarbeiter beim Europarat in Straßburg tätig war, verblieb Hélène vorerst in Paris. Auf Reisen ins idyllische Elsass (Scharrachbergheim, DS) malte sie begeistert diese Landschaft. Darunter ein großflächiges, besonders schönes Gemälde mit dem Titel *Schnee in Courcheval* (*Neige à Courcheval*, 1958), das heute im Centre Georges Pompidou, Musée d'art moderne, Paris, ausgestellt ist. Hélène de Beauvoir beweist sich hier als Meisterin im Umgang mit Formen und Farben:

> Die reflektierende Helligkeit des Schnees wird durch Weiß mit eingestreuten spektralfarbigen Partikeln und die Gebirgszüge durch scharfkantige, abstrakt-kristalline Formen assoziiert. Die schwungvolle Abfolge der sich wiederholenden Kurven und Bögen lässt unmittelbar an die Dynamik des Skifahrens denken. (Sagner 2014b, S. 119)

Wie auch andere Künstler wollte Hélène vorrangig etwas künstlerisch Ästhetisches schaffen, das Schönheit, Anmut und Harmonie beinhaltete und das eigene Dasein wie auch die Welt verbessern könne.

> Schönheit als zentraler Begriff der Kunst wirkt über den künstlerischen Raum hinaus und fordert alle, die sie wahr- und ernstnehmen, direkt und indirekt auf, ethisch wertvoll zu handeln und eine ‚schöne Seele' (wie sie Goethe in *Wilhelm Meisters Lehrjahre* geschildert und propagiert hat) zu entwickeln. (Danzer 2015, S. 113)

Lionel war zum Direktor für Jugend, Sport und Volkskunst am Europaparlament in Straßburg befördert. Das Ehepaar zog 1963 auf einen Weinbauernhof in Goxwiller am Fuße des Sainte Odile im Elsass. Hélène fiel es schwer, Paris als Zentrum der Kunst aufzugeben und auf dem Lande in Lionels zunehmende Repräsentationspflichten als Dame der Gesellschaft eingebunden zu werden. Das widerstrebte ihr: „Ich bin kein Püppchen an Ihrer Seite, ich habe meine Freiheit wieder und ich will sie nicht gleich wieder aufgeben." (H. de Beauvoir, zit. in: Sagner 2014a, S. 225) Sie schätzte das ländliche Umfeld und nutzte ihre Zeit verstärkt zum Malen, erwanderte mit Lionel die Landschaft und übte mit ihm andere sportliche Aktivitäten aus. Ihre Energien konzentrierte sie ferner auf den Aus- und Umbau ihres Refugiums.

Goxwiller – ein Ort der Freiheit

In Goxwiller gehörten Simone und Sartre zu willkommenen Gästen. 1967 beauftragte Simone Hélène, die Luxusausgabe ihres Buches *Eine gebrochene Frau* (*La Femme rompue*, 1967) zu illustrieren.

Mit den gefertigten Illustrationen gelang es Hélène, in faszinierender Prägnanz und Ausdrucksstärke das Substanzielle hervorzuheben und dem Text eine neue Dimension zu erschließen. Simone war angetan und drückte ihre Freude aus:

> Hélène de Beauvoir bevorzugte ... die Verbildlichung seelischer Zustände: So wird im Beispiel des in einem Liniengerüst gefangenen Aktes die Hilflosigkeit und das Ausgeliefertsein der Frau und mit der auf einer abschüssigen Treppe Kauernden deren bodenlose Traurigkeit anschaulich. Zugleich lassen die Härte des Strichs und der leere Raum den Abgrund des Schmerzes nachfühlbar werden. (S. de Beauvoir, zit. in: Sagner 2014b, S. 70)

Auch die Presse *Quinzaine Littéraire* lobte die Stiche:

> Sie vermitteln einen Eindruck von Einsamkeit und Hilflosigkeit, der dem Text genau angemessen ist; diese Analogie ... der anerkannten Künstlerin geht unweigerlich unter die Haut ... In den Arabesken der Strichführung und dem Spiel von Schwarz und Weiß treibt Hélène de Roulet das Sinnliche weiter voran. (zit. in: Sagner 2014a, S. 235)

Damit kam Hélène dem Leitgedanken eines ihrer Vorbilder, Paul Klee (1879-1940), im Ausdruck nahe, dass Kunst nicht das Sichtbare wiedergibt, sondern sichtbar macht.

In Anerkennung ihrer künstlerischen Leistungen erhielt Hélène 1968 den von dem italienischen Textilunternehmer Gaetano Graf Marzotto (1894-1972) initiierten international anerkannten Premio Marzotto. Große öffentliche Museen erwarben ihre Bilder und sie genoss national wie international hohes Ansehen, verbunden mit weiteren Auszeichnungen.

Vom Kunstbetrieb in Paris fühlte sie sich wie abgestraft, dort wurde ihr keine Beachtung mehr geschenkt. Hélène, die ihre Ausstellungsschwerpunkte nach Mexiko, Den Haag, New York, Mailand, Togo und Moskau verlagert hatte, wurde auf diesen Reisen von ihrem Ehemann begleitet. Durch ihre freundliche, kommunikative Art konnte sie viele Freundschaften schließen, insbesondere eine vertiefte Beziehung zu der Leiterin der anerkannten Galerie in Tokio, Frau Tomiko Asabuki (1917-2005), aufbauen.

Auf der Rückreise von ihrer Ausstellung in Japan (von Yokohama nach Khabarovsk in Russland, DS) lernte Hélène 1970 den jungen Ludwig Hammer (1941-)

kennen. Er wurde für sie ein enger Freund und ihr Galerist. In Regensburg und anderen deutschen Städten organisierte er für sie viele Ausstellungen und erhielt nach Hélènes Tod den Erstzugriff auf ihren Nachlass.

„Ein Gemälde muss eine Botschaft haben, ein imaginäres Fenster öffnen und das Leben der Menschen bereichern", so Hélène. (H. de Beauvoir, zit. in: Sagner 2014a, S. 24)

Die Ruhe in Goxwiller war trügerisch, die politischen Tagesereignisse der sechziger/siebziger Jahre in Frankreich forderten Hélènes Aufmerksamkeit. Wegsehen entsprach nicht ihrer Haltung, denn seit den Kindertagen revoltierte sie, wie Simone, gegen die Angepasstheit, die Feigheit und die gesellschaftlichen Konventionen. Prinzipiell bejahte Hélène den fundamentalen gesellschaftlichen Wertewandel, aber jetzt positionierte sie sich immer kritischer.

Hélène protestierte gemeinsam mit Sartre, Simone und Studenten auf Demonstrationen gegen den Algerienkrieg und gegen die politische Führung des Staatspräsidenten Charles de Gaulles (1890-1970). Die Studentenrevolte 1968 inspirierte sie derart, dass erstmalig daraus eine politische Bildreihe entstand. Mit einer beispiellosen dreißigteiligen Gemäldeserie über die Ereignisse des Mai 1968 in Paris gelangen ihr in diesem Zusammenhang grandiose malerische Zeitzeugnisse. Eindrucksvoll gab das Motiv *Gute Pflastersteine* (*Bon pavés, 1968*) die sie erschütternde Situation wieder. Es war ihr Mut, ihren Gefühlen in der Interpretation des Gesehenen Ausdruck zu verleihen. Der Leitgedanke des Bildes fokussiert eindringlich die Brutalität der mit Gummiknüppeln, Masken und sonstigen martialischen Waffen ausgestatteten Ordnungsmächte gegenüber der einzelnen, hilflos auf dem Boden kauernden Figur.

Für ihre nachfolgende Ausstellung *„Der schöne Monat Mai"* (*Le joli mois de mai*) im Jahr 1969 deuteten Plakatentwürfe u.a. auf den berechtigten Protest der studierenden Jugend hin, die von einem Schlagstock schwingenden, blau uniformierten Polizisten bedroht wird. Es war eine „Demaskierung gesellschaftlicher Repression ... Die Polizei schlägt zu. Blut fließt, Knochen brechen, in den Krankenhäusern ächzen die Verletzten", so kommentierte Simone den Bilderzyklus und anerkannte zugleich, dass Hélène kongenial der Tragik in den Bildern lebendigen Ausdruck verlieh. Tatsächlich bewirkten die umfassenden Proteste eine Verbesserung an den Hochschulen und gleichzeitig fundamentale politische und ökonomische Reformen in Frankreich.

„Feministin war ich lange vor meiner Schwester!"

Simone de Beauvoir hatte bereits 1949 in ihrem Buch *Das andere Geschlecht* die Geschlechterrollen analysiert und die Rangordnung von Männlichem und Weiblichem infrage gestellt. Eine ihrer Grundaussagen war, dass man nicht als Frau zur Welt käme, sondern dazu gemacht würde. Die Biologie sei weniger ausschlaggebend, sondern soziale, gesellschaftliche, kulturelle Faktoren würden die Rolle der Frau gestalten.

Häufige Diskussionen mit Simone über die Frauenfrage hatten Hélène sensibilisiert. 1970 solidarisierte sie sich aktiv mit der französischen Frauenbewegung *M.L.F.* (*Mouvement de Libération des Femmes*). Beide Schwestern demonstrierten getrennt für das Recht auf Abtreibung, Simone in Paris und Hélène in der Straßburger Bewegung SOS (*Femmes Alternative Alsace*).

Ihr Mitgefühl drückte Hélène in mehreren Gemälden aus. Sie wollte das Ausgeliefertsein und die Ohnmacht der Frauen in einer von Männern dominierten Welt anprangern. Zwei Bilder sind meines Erachtens hervorzuheben: *Blick einer Frau auf die Welt der Männer* und *Frauen leiden, Männer urteilen* (1977). Letzteres zeigt: Vier große Männer in roten Richterroben und mit grauen Masken, mit Drohfingern auf eine Frau zeigend, die nackt und wehrlos vor ihnen steht.

Hélène war mit ganzer Seele dabei, erfasste das Leiden der ungewollt schwangeren Frauen und drückte ihre Empörung in gemalter Kunst aus. Als Zeitzeugin klagte sie gleichzeitig mit ihren öffentlichen Ausstellungen die Ungerechtigkeit der Justiz und Politik an: „Ich nahm da kein Blatt vor den Mund, manche betrachteten es als aggressiv." (H. de Beauvoir, zit. in: Sagner 2014a, S. 249)

Anthropologisch und psychologisch wird damit auch eine relevante Thematik berührt: Spielen wir alle nur Rollen, verstecken wir uns in Momenten des Handelns hinter Masken, Klischees, die jedermann für die Bewältigung seines Alltags braucht? Oder sind wir echt, authentisch, indem wir uns empören, zornig werden oder revoltieren, Taten vollbringen? Die von Hélène gemalten vier großen Richter in roten Roben mit grauen Masken sind ein passendes Negativ-Beispiel. Zum einen zeigt diese Berufsgruppe des öffentlichen Lebens eher das Verhaltensmuster einer Maskenexistenz, d.h. sie schützen sich und verhindern womöglich, dass die Mitmenschen (Kirche, Medien, Vorgesetzte usw., DS) sie kritisieren. Zum anderen hätten sie sich als mutigere Richter mitfühlend den Aktualitäten/Zeitgeist mit einem gerechten, sensiblen Richterspruch gegen die Majorität und den politischen Willen stellen können. Mit Simone, Sartre und Mitstreitern initiierte Hélène einen der größten Skandale des zwanzigsten Jahrhunderts in Frankreich. 1971 kündigte die feuerrote Schlagzeile auf schwarzem Grund in der Zeitung *Nouvel Observateur* das Bekenntnis an: „Ich habe abgetrieben" zusammen mit der Unterschriftenliste von 343 Frauen. Auch die beiden Beauvoir-Schwestern hatten unterschrieben, wohlwissend, dass sie sich einer Strafverfolgung aussetzten. Das Abtreibungsverbot wurde später aufgehoben.

Hélène setzte 1972 die Idee eines Kunstprojektes von Jean Hurstel um mit dem Motto, dass Kultur präventiv gegen gewalttätige Auseinandersetzungen in Vororten wirken könne. In dem sozial benachteiligten Viertel der Stadt Montbéliard unterrichtete sie abends Schüler, straffällig gewordene Jugendliche und junge Arbeiter der Firma Peugeot. In respektvollem Umgang miteinander fertigte sie mit ihnen künstlerische Objekte wie Formen, Skulpturen und Mobiles aus farbigem Plexiglas. Die haptische Erfahrung und die Erfolgserlebnisse durch Aufstellung ihrer Kunstprodukte im öffentlichen Raum stärkten die Kooperationsfähigkeit der Teilnehmer. Damit unterlief sie das Antihumane, das soziokulturelle Absurde im Alltagsleben und gab den Schülern und jungen Arbeitern Sinn und Respekt wieder.

Neben ihrem intensiven Malpensum betreute Hélène geschlagene Frauen und Kinder. Als Mitgründerin und spätere Präsidentin der Liga für Frauenrechte übernahm sie Aufgaben für das Heim *Centre Flora Tristan* in Straßburg.

In den 1980er Jahren erweiterte sie das Spektrum ihres politischen Handelns. Der Regierungskommission für Kulturpolitik vorsitzend, beeinflusste sie Fragen des Frauenrechts. Mit einem Vortrag in Philadelphia konkretisierte sie ihre Auffassung: *Die Rolle der Frau in der Gesellschaft am Beispiel der Malerin.* 1992 handelte sie anlässlich ihrer Vernissage in der Galerie Hammer in Regensburg die Frauenfrage unter dem Thema ab *Die Rolle der Frau in der Kunst.*

Nach dem Tod Simone de Beauvoirs 1986 hatte Hélène in posthum veröffentlichten Briefen Simones an Sartre Schmähungen zu verkraften. Die geliebte Schwester spottete über ihre Malerei, kritisierte die von Hélène angenommenen finanziellen Unterstützungen und Lionels zeitweise Abhängigkeit von Charles de Gaulle als dessen persönlicher Referent.

Diese späten Bloßstellungen empfand Hélène als einen krassen Widerspruch zu Simones gefühlvollem Verhalten, ihren warmherzigen Worten, ihrem liebevollen Verständnis in den Briefen ihr gegenüber. „Was für liebe Worte, was für Zeichen der Zuneigung ... Und jetzt diese Briefe ... Ich habe alles verloren, alles.“ (H. de Beauvoir, zit. in: Monteil 2003, S. 238ff.)

Für eine gewünschte Gegendarstellung Hélènes verweigerte Sylvie le Bon-de Beauvoir (1941-), die spätere Adoptivtochter von Simone, die Herausgabe der Briefe. Hélène verarbeitete ihre Enttäuschung, indem sie sich in ihre Ateliers zurückzog und mehrere Trauerbilder malte.

1990 verstarb Lionel. Für die über achtzigjährige Hélène blieb Goxwiller das vertraute Refugium und eine Inspirationsquelle. Sie malte, manchmal verzweifelt, unentwegt weiter, veröffentlichte ihre Erinnerungen und stabilisierte Körper und Seele auf Wanderungen in den Vogesen.

Obwohl ein diagnostizierter Herzfehler mit anstehender Operation zur Vorsicht mahnte, mobilisierte sie alle Energien für drei Ausstellungen in Portugal. Ihr in diesem Zusammenhang an der Universität von Aveiro (1995) gehaltener Vortrag mit dem Thema *Die Frau und ihr schöpferisches Werk* brachten ihr Aufmerksamkeit und sogar unverhofften Ruhm ein. Ebenso erregten die ausgestellten Werke der vierziger Jahre aus der portugiesischen Periode Staunen, denn ihre Bilder gaben das Sujet von hart arbeitenden Frauen und Männern in strahlendem Licht des Südens wieder. An sich ein Trugschluss der Idylle: die Protagonisten hatten seinerzeit Hunger und waren sehr arm. Großzügig schenkte Hélène der Universität Aveiro hundert Bilder aus dieser Phase. Portugal erhob die Sammlung zum nationalen Kulturgut.

Erneut stabilisiert überstand Hélène die notwendige Herzoperation. Allerdings begann sie zu schwächeln. Sie vergrub sich in Phantasien und träumte vom großen Ruhm als ein Gegengewicht zu Simones Genie und deren Weltruhm. Sie malte nicht mehr und empfing nur noch wenige Freunde. Darunter auch scheinbare Freunde, die sich ihr Vertrauen erschlichen, ihr große Ausstellungen versprachen und dafür wertvolle Bilder und Radierungen erlisteten. Skrupellos plünderten sie zudem ihr Konto. Ein amtlicher Vormund rettete sie vor dem Ruin und sicherte ihren Verbleib im geliebten Goxwiller.

Hélène fühlte sich verloren. Wenn sie ihren Blick auf die Porträts von Simone und Lionel richtete, sagte sie zu ihrer Freundin Claudine Monteil (1949-), es sei hart, mit seinen Toten allein zu sein. Die folgenden fünf Jahre waren von Krankenhausaufenthalten geprägt. Sie wurde zunehmend gebrechlich, spürte und akzeptierte den nahenden Tod. Hélène de Beauvoir verstarb am 1. Juli 2001.

Würdigung

Hélène, die Tochter aus gutem Hause, war weltweit eine anerkannte Malerin. Sie blieb zu Unrecht lange im Schatten ihrer berühmten Schwester Simone de Beauvoir. Ihre Vielseitigkeit als Mensch und Künstlerin zeigt sich in den vielen Stationen ihres bewegten Lebens. Sie folgte ihrem inneren Drang, indem sie immer das getan hatte, was sie wollte, und resümierte in den *Souvenirs*: „Glücklicherweise habe ich mich nie mit etwas abgefunden, sonst hätte ich in meinem Leben nichts erreicht." (H. de Beauvoir, zit. in: Sagner 2014a, S. 57)

Hélène verhielt sich in ihrer Lebensgestaltung weltoffen. Entgegen ihrer rigiden Erziehung in Elternhaus, Schule und Kirche entwickelte sie weder autoritäre

Charakterzüge noch Eitelkeit oder falschen Stolz. Ludwig Hammer, ihr langjähriger Galerist in Regensburg, schrieb:

> Sie wurde als die ‚wärmere, fröhlichere Simone' beschrieben. Und in der Tat war jeder ... von ihrer herzlichen und bescheidenen Art, ihrem noblen Auftreten und ihrer Empathie beeindruckt ... Diese sanfte und feine, zugleich starke, ungemein produktive Frau ... lebte gleichermaßen als Realistin und Idealistin. (Hammer, zit. in: Sagner 2014b, S. 9)

Ihre künstlerische Ausbildung hatte sie mit Fleiß und Ausdauer in sinnvollen Bildungsschritten gemeistert. Abseits der konventionellen Kunstrichtungen und Klassischen Moderne entwickelte sie eigenständig ein sinnlich poetisches Malspektrum. Darüber hinaus integrierte sie Aspekte der temporären Kunst, zum Beispiel den abstrakten Stil des Kubismus. Ihre späten Bilderserien spiegeln Hélènes internalisierte Werte und Empfindungen, mit denen sie gegen die sinnwidrigen politischen und sozialen Umstände revoltierte. Simone de Beauvoir äußerte bezüglich Hélènes Malerei:

> Gleichwohl malt sie fröhliche Bilder und selbst in den dunkelsten gibt es immer noch einen kleinen Lichtblick: einen Flecken blauer Himmel oder eine Blume als Zeichen der Hoffnung. (S. de Beauvoir, zit. in: Sagner 2014b, S. 10)

Die Kunsthistorikerin Karin Sagner (1955-) fasst in ihrem Buch *Das Talent liegt in der Familie – Die Malerin Hélène de Beauvoir* die Stilrichtung zusammen:

> Sie wolle in ihrer Malerei grundlegend zwei Räume erfassen, einen vordergründig realen und einen ideell-poetischen, den einer sinnlichen und einer Ideenwelt ... Das hier anklingende Bemühen um eine bildnerische Synthese fand im Spätwerk auf zauberhafte Weise Ausdruck in einer zuweilen märchenhaft anmutenden Gestaltung, in der die abstrahierte Figuration keinem Kontur mehr unterliegt, sondern freischwebend jenen offenen Raum anklingen lässt, um den es Hélène de Beauvoir in ihrem von Zeitströmungen unabhängigen Schaffen wie in ihrem Leben grundsätzlich ging, ‚den Raum der Freiheit'. (Sagner 2014b, S. 35)

Sie setzte sich künstlerisch von der Masse ab und revoltierte gegen das allgegenwärtig Ungerechte. In ihrem Beziehungs-Raum war sie stets auf ein Miteinandersein bedacht, blieb offen und neugierig. Kommunikativ, kooperativ und kompromissfähig verhielt sich Hélène in den weiten Feldern ihres Engagements und im Handeln. Zum Beispiel kümmerte sie sich nach dem Tod von Sartre (1980) sehr einfühlsam um die schwer erkrankte Simone. In der Biografie *Simone de Beauvoir* führt die Schriftstellerin Deirdre Bair (1935-) aus:

> Hélène ist eine warmherzige, zuvorkommende Frau, der es große Freude macht, andere großzügig zu bewirten und zu verwöhnen, und die oftmals die eigene Arbeit beiseite legt, um sich nützlich zu machen ... Hélènes großherzige und gutgemeinte Bemühungen, ihrer Schwester etwas Gutes zu tun, wurden ... oft brüsk abgewiesen ... (Bair 1990, S. 748)

Ihre positive Haltung zur Vielfalt des Lebens ermöglichte ihr, Freundschaften zu erhalten. Sie blieb bei der Bewunderung ihrer Schwester Simone. Sie führte mit Lionel in achtungsvollem Umgang über fast fünf Jahrzehnte eine Ehe. Zudem hatte sich Hélène zu einer erfolgreichen Künstlerin entwickelt. Mit ihrem beachtlichen Oeuvre hinterließ sie der Nachwelt eine sozial-kulturelle Beitragsleistung, die den heutigen Betrachter berührt und Hélène de Beauvoir lebendig bleiben lässt.

Erinnerung an Charlotte Salomon

Der Mensch sitzt am Meer. Er malt.
Eine Melodie kommt ihm plötzlich in den Sinn.
Indem er sie zu summen beginnt, bemerkt er,
dass die Melodie genau auf das,
was er zu Papier bringen will, passt.
Charlotte Salomon (2017, S. 87)

Monika Schoene

Betrachtet man Charlottes Bild, auf dem eine Frau, den Rücken dem Betrachter zugewandt, am Meer sitzt und malt, sieht man das tiefblaue Wasser, den Sand, den endlosen Himmel und das südliche Licht. Jedoch erscheint das Blatt auf ihrem Schoß durchsichtig, als sei es nur ein Rahmen, der ein Stück vom Augenblick umfängt. Ein Rahmen, in dem Abbild und Wirklichkeit ineinanderfließen. *Leben oder Theater?* Diese Frage ist der Frau auf den Rücken geschrieben. Dieses in Südfrankreich entstandene Motiv scheint ein Schlüssel zu sein, der die Tür zu allen anderen Bildern, ja zum Leben Charlotte Salomons (1917-1943) öffnen kann.

In ihrem Werk *Leben? oder Theater?* Ein *Singespiel*, 1940-1943, erzählte und illustrierte Charlotte Salomon die Geschichte ihres kurzen Lebens und damit gleichzeitig die Geschichte einer assimilierten großbürgerlichen jüdischen Familie in Berlin. Beginnend mit dem Ersten Weltkrieg 1914, über die Zwischenzeit, die Machtergreifung der Nationalsozialisten, endet sie mit ihrer Emigration 1939 nach Südfrankreich und ihrem Leben dort bis 1943.

Die Künstlerin hat Elemente aus Malerei, Musik und Literatur in diesem von 1940 bis 1942 entstandenen Zyklus im Format 32,5 x 25 cm in eine Form von 769 Gouachen mit 320 zugehörigen transparenten Textblättern zu einer dramatisierten Autobiografie zusammengefügt.

Leben? oder Theater? umfasst mehrere Bedeutungsebenen, Realität und Fiktion sind nicht klar voneinander getrennt. Über die Auseinandersetzung mit den Auswirkungen der zeitgeschichtlichen Aspekte hinaus versuchte Charlotte Salomon die Gefühle aufzuspüren, die in der Vergangenheit schamvoll vor ihr verborgen worden waren. In der Kombination von Bild, Musik und schlichter Sprache versuchte sie, ihrem Ringen Ausdruck zu verleihen und dabei in Balance zu bleiben zwischen dem, was sie emotional verarbeiten wollte, und dem, was sie ertragen konnte. Das trifft besonders auf die erforderliche Abgrenzung zu, nicht wie ihre Tante, Mutter, Großmutter und Urgroßmutter den Selbstmord als den für sie einzigen Ausweg zu erachten.

Biografisches

Charlottes Vater, Albert Salomon (1883-1976), arbeitete während des Ersten Weltkrieges als Militärchirurg an der Front. Ihre Mutter Franziska Grunwald (1890-1926) assistierte ihm als Sanitätsschwester. Franziskas Elternhaus, der Vater ebenfalls Arzt, gehörte zur gebildeten, wohlhabenden Gesellschaftsschicht Berlins und war wie Albert Salomon jüdischer Herkunft. Obwohl die Eltern Franziskas Wahl für nicht standesgemäß erachteten, respektierten sie Albert Salomon und das Paar heiratete 1916 in Berlin.

Von diesem Zeitpunkt an verzichtete Franziska auf ihre Tätigkeit als Sanitätsschwester; widmete sich der Haushaltsführung und den gesellschaftlichen Pflichten. Albert Salomon, der sich aus einfachen Verhältnissen kommend den Arztberuf erarbeitet hatte, war nach dem Ersten Weltkrieg einer der ersten Mediziner, die das Gebiet spezieller Analyse- und Operationsmethoden bei Brustkrebs erfolgreich erforschten. Die Berliner Universitätsklinik Charité ernannte ihn 1927 zum außerordentlichen Professor.

In diesen Lebensrahmen wurde Charlotte am 16. April 1917 als einziges Kind von Albert und Franziska Salomon hineingeboren. Sie erhielt den Namen ihrer Tante, der jüngeren Schwester ihrer Mutter, die sich 1913 im Alter von 18 Jahren das Leben genommen hatte.

Bald nach Charlottes Geburt, ihr Vater arbeitete noch in einem Feldlazarett an der Front, begann sich für ihre ursprünglich lebhafte Mutter Franziska bereits die Welt zu verdunkeln. In der Öffentlichkeit oder Gästen gegenüber nahm sie ihre Pflichten wie gewohnt wahr, aber in den stillen Stunden zu Hause fühlte sie sich immer häufiger wie von einer „schwarzen Walze" überrollt. Im Laufe der Jahre häuften sich die depressiven Phasen. Ihr Umfeld konnte es trotz aller liebevollen Zuwendung nicht verhindern, dass sie sich 1926 das Leben nahm. Besonders tragisch dabei war, dass sie ihre Eltern aufsuchte und sich aus deren Wohnung im dritten Stockwerk in den Tod stürzte.

Der Suizid galt gesellschaftlich als schandhaft, somit tabuisierten die Verwandten und Freunde die Todesursache. Auf Betreiben der Großmutter wurde der knapp neun Jahre alten Charlotte die Wahrheit vorenthalten und vermittelt, dass die Mutter an einer Grippe erkrankt und verstorben sei.

In den folgenden Jahren bestimmten wechselnde Kindermädchen den Haushalt. Der beruflich sehr engagierte Vater hatte wenig Zeit für seine Tochter. Charlotte, ihre Mutter vermissend, zog sich in sich zurück, wurde schwierig, ließ in den Schulleistungen nach. Die Großeltern mütterlicherseits, Marianne und Ludwig Grunwald, bemühten sich in die Erziehung des Kindes einzugreifen und reisten mit ihr in die Schweizer Berge. Auch hier dominierte Langeweile anfänglich Charlottes Tage, bis sie zufällig einer jungen Frau begegnete, der es gelang, eine emotionale Beziehung zu ihr herzustellen. Nach und nach konnte diese Charlotte dafür begeistern, mit Zeichnen und Malen gegen die Langeweile anzugehen; vielleicht waren dies die ersten Schritte hin zu ihrer späteren Berufung.

Gestärkt durch diese neue Erfahrung setzte Charlotte es bei ihrem Vater durch, dass dieses fröhliche Fräulein, genannt Hase, zu ihrer Betreuung mit nach Berlin reisen durfte.

Im September 1930 ging der verwitwete Albert Salomon eine zweite Ehe ein mit der seit Ende der zwanziger Jahre gefeierten Lied- und Oratoriensängerin Paula Levi (1897-2000), die den Namen Lindberg angenommen hatte. Diese konnte Charlotte bald für sich gewinnen, wurde geradezu von ihr vergöttert. Sie erfasste ebenfalls Charlottes Talent und förderte gemeinsam mit Fräulein Hase ihre Fähigkeit, Gefühle in Bildern auszudrücken und ihr Inneres sichtbar machen zu können.

Mit der Wiederheirat intensivierte sich das kulturelle Leben bei den Salomons wieder: sie pflegten Kontakte zu Persönlichkeiten wie dem Physiker Albert Einstein (1879-1955), dem Architekten Erich Mendelsohn (1887-1953), dem Arzt und Philosophen Albert Schweitzer (1875-1965), dem Dirigenten und Intendanten der Städtischen Oper Kurt Singer (1885-1944) und anderen. Musik war im Hause Salomon ebenso ein unentbehrlicher Bestandteil des Lebens wie die Liebe zur Sprache und zur Literatur. Ihr Wissen vertiefte Charlotte am Gymnasium, ihre kunsthistorische Bildung erwarb sie durch Besuche der Berliner Sammlungen und Ausstellungen im Kronprinzenpalais sowie aus Publikationen in Bibliotheken und im Elternhaus.

Nationalsozialisten ergreifen die Macht

Während sich die Verhältnisse im Hause Salomon normalisierten, kam es im politischen Umfeld zu tiefgreifenden Veränderungen. Nach dem Wahlsieg der Nationalsozialisten (März 1933) erlebte Charlotte Salomon in ihrer eigenen Familie die politischen Konsequenzen: Ihrem Vater wurden 1933 die Lehrbefugnis und die Zulassung entzogen. Die Charité kündigte ihm und er durfte ab 1936 nur noch im Jüdischen Krankenhaus praktizieren. Ihrer Stiefmutter Paula wurde aufgezwungen, nur noch vor jüdischem Publikum mit Musikstücken jüdischer Komponisten aufzutreten.

Charlottes Großeltern, Dr. Ludwig Grunwald (1862-1943) und Marianne Grunwald (1867-1940), hatten Berlin verlassen und fanden nach einjähriger Reise durch Italien in Südfrankreich einen Zufluchtsort.

Charlotte selbst erlebte antisemitische Anfeindungen durch ihre Mitschüler und verließ daraufhin im September 1933 – ein Jahr vor dem Abitur – das Fürstin-Bismarck-Gymnasium (heute Sophie-Charlotte-Gymnasium, MS) in Berlin Charlottenburg. Privat unterrichtet bereitete sie sich für die Aufnahmeprüfung an der Kunstakademie in Berlin vor. 1935 scheiterte der erste Anlauf. An ihrem Ziel festhaltend, drängte sie ihren Vater, ihr einen Tutor zu finanzieren, und bestand mit dessen Unterstützung im zweiten Anlauf im Februar 1936 die Prüfung. Sie wurde als eine der wenigen jüdischen Schülerinnen an den *Vereinigten Staatsschulen für Freie und Angewandte Kunst* gerade noch zugelassen. Dem Lehrstoff, der sich ganz im Stil der Zeit gegen die Moderne richtete, stand Charlotte skeptisch bis ablehnend gegenüber. Obwohl als einzige Jüdin in ihrer Klasse und der zunehmend einschüchternden politischen Atmosphäre ausgesetzt, war sie zu diesem Zeitpunkt dennoch froh, einen Ort zu haben, an dem sie malen konnte. Sie verhielt sich unauffällig und ihr nicht jüdisches Aussehen bot ihr einen gewissen Schutz.

Anonym reichte Charlotte 1937 für einen Wettbewerb an der Hochschule ein Bild zum Thema Stillleben ein. Sie hatte mit viel Hingabe und Begeisterung die Malerei Paul Cézannes (1839-1906) studiert, und so konnte sie ihn zum Vorbild nehmen, ohne ihn zu kopieren. Ihr Bild wurde für den ersten Preis vorgeschlagen. Nachdem ein Jurymitglied ihre Urheberschaft erkannte, wurde nach interner Absprache beschlossen, dass einer Studentin jüdischer Abstammung ein solcher Preis nicht mehr verliehen werden dürfe, stattdessen wurde ihre Klassenkameradin Barbara Petzel damit ausgezeichnet.

In Konsequenz der erlebten Ohnmachtssituation kehrte Charlotte nicht mehr in den Unterricht zurück, sie blieb aber bis 1938 immatrikuliert. Dies, weil sie so wenigstens abends die Räume der Kunstakademie zum Malen nutzen konnte. Zu Hause erarbeitete sie sich anhand von Kunstbüchern die Arten des Malens, die ihr behagten, eben die von den Nationalsozialisten als entartete Kunst unterdrückten Kunststile.

Spätere Interviews mit ihrer Stiefmutter Paula Salomon-Lindberg und ihrer ehemaligen Mitschülerin Barbara Petzel bestätigten das von Charlotte in ihrem Werk gezeichnete Bild einer in einem großbürgerlichen kulturellen Ambiente aufgewachsenen jungen Frau. Über ihre Stiefmutter gewann sie besonderen Zugang zur klassischen Musik und wie für eine Tochter aus gutem Hause üblich, erwarb sie sich breitgefächerte Kenntnis der deutschen Literatur.

Albert Wolfsohn

Auf Charlottes Leben hatte 1937 die Bekanntschaft mit Albert Wolfsohn (1896-1962) großen Einfluss. Von der Jüdischen Künstlerhilfe organisiert, kam der Gesangspädagoge in das Haus Salomon, um als Korrepetitor mit ihrer Stiefmutter Paula Salomon-Lindberg zu arbeiten.

Wolfsohn hatte im Ersten Weltkrieg an der Front als Krankenträger gedient und war bei einem Angriff schwer verwundet mitten unter Leichen auf dem Schlachtfeld zurückgeblieben. Traumatisiert kehrte er aus dem Krieg zurück und litt seither unter Kriegszittern, einer posttraumatischen Belastungsstörung.

In dieser Lebenssituation, es gab noch keine adäquate Behandlungsmöglichkeit, entwickelte Wolfsohn eine Methode, die ihn seiner eigenen Einschätzung nach dazu befähigte, sein Innerstes zu reflektieren und so die Angst vor dem Tod hinter sich lassen zu können.

Parallel erarbeitete er eine Theorie für die menschliche Stimme. Er hatte während seiner Kriegseinsätze beobachtet, dass ein Mensch in Todesgefahr seine Stimme verlieren oder im Gegenteil seine Stimme in diesem Moment einen unerwartet großen Tonumfang erzielen könne. Für ihn gab es einen Zusammenhang zwischen Todesangst, Seele und künstlerischem Ausdruck: Damit eine Stimme ihren maximalen Tonumfang entfalten könne, dürfe der Künstler nicht nur das Leben lieben, sondern müsse auch die Todesangst kennen und diese überwinden.

In seiner Arbeit als Korrepetitor experimentierte Wolfsohn mit Paula Salomon-Lindberg nach seiner Methode. Er verliebte sich in sie und entwickelte zu ihr wie zu Charlotte eine besondere Beziehung. Obwohl für Charlotte deutlich, dass Wolfsohn ihre Stiefmutter vergötterte, suchte sie intensiv seine Aufmerksamkeit. Sie forcierte heimliche Treffen mit diesem exaltierten, durch die Weltkriegserlebnisse traumatisierten Mann und erlebte einen Wendepunkt in ihrem Leben. Er faszinierte sie mit seiner Idee, dass ein Mensch es im Leben wagen müsse, der

Gefahr des Todes ins Auge zu sehen. Durch sein Interesse an ihrer Kunst und seinen Glauben an ihre Begabung fühlte sie sich ermutigt, zukünftig etwas Besonderes leisten zu können. Charlotte begann sich als Künstlerin zu sehen, die eine gewisse Verantwortung zu tragen hätte.

In *Leben? oder Theater?* nimmt diese Begegnung großen Raum ein. Charlotte gestaltet viele Blätter über die Person Wolfsohn, Gedanken zu seiner Theorie und seinem Umgang mit Frauen. Wolfsohn, der Jahre später eine Vorankündigung der Publikation von Charlottes Werk las, zeigte sich völlig überrascht über seinen Einfluss auf Charlotte. Er schreibt am 14. Januar 1962 in einem Brief an Ruth Liepmann (1909-2001):

> Nie war ich einem verschlosseneren Menschen begegnet, nie erschienen mir meine Versuche, jemandem in seinen Problemen und den Bedrängnissen seiner Entwicklung behilflich zu sein, so aussichtslos wie in diesem Falle. (Wolfsohn, zit. in: Salomon 2017, S. 16)

Obwohl ihre Gouachen, die Zeit mit Wolfsohn betreffend, auch eine sexuelle Erfahrung suggerieren, hielt ihre Stiefmutter Paula Salomon-Lindberg dies zeitlebens für undenkbar, mit der Begründung, Charlotte sei doch noch ein Kind gewesen. Wolfsohn selbst schreibt 1946 in *Die Brücke*, dass er es für ausgeschlossen halte, dass Charlotte irgendeine Erfahrung mit Männern gehabt habe. Ihre künstlerische Begabung sei so groß gewesen, dass sie auch ohne eigene Erfahrung diese Hingabe selbst in einer derartigen Intensität und Wahrheit habe bildlich darstellen können.

Die Wahrheit wird nie zu erfahren sein, sicher ist nur, dass *Leben? oder Theater?* ohne Alfred Wolfsohn vermutlich nie entstanden wäre.

Exil

Am 9. November 1938 gipfelte die antisemitische Diskriminierung in der Reichspogromnacht. Die Familie Salomon hatte bisher nicht in Erwägung gezogen auszuwandern; Albert Salomon fühlte sich hier als Arzt gebraucht und Charlotte wollte die von ihr geliebten Menschen nicht verlassen. Nach diesem Anschlag änderte sich die Lebenssituation für sie grundlegend: Der Vater wurde verhaftet und in das Lager Sachsenhausen verschleppt. Paula Salomon-Lindberg gelang es, ihren Mann mit Hilfe einflussreicher Bekannter wieder zu befreien, er kehrte aber als Gebrochener nach Hause zurück. Die Eltern drängten Charlotte daraufhin, das Land vor ihrem 22. Geburtstag zu verlassen. Sie waren darüber informiert, dass ihr als Jüdin nach diesem Stichtag kein Pass mehr ausgestellt werden würde.

Charlotte erkannte die drohende Gefährdung und trat unter dem Vorwand, ihre angeblich schwer erkrankten Großeltern in Südfrankreich unterstützen zu müssen, im Januar 1939 die unsichere Reise an.

Albert und Paula Salomon konnten vor einer drohenden Verhaftung rechtzeitig mit gefälschten Papieren am 15. März 1939 nach Amsterdam fliehen. Der anfänglich noch mögliche Briefkontakt mit ihrer Tochter Charlotte brach nach der Besetzung der Niederlande im Jahr 1940 ab.

Charlotte bewältigte die Reise zu den Großeltern Ludwig und Marianne Grunwald, die unterdessen in dem bescheidenen Gästehaus der Villa *L'Ermitage* in Villefranche-sur-Mer Zuflucht gefunden hatten. Die Besitzerin, die verwitwete Ottilie Moore (1902-1974), war die Tochter des wohlhabenden amerikanischen Unternehmers Alfred Gobel. Da für sie Geld keine Rolle spielte, konnte sie zahlreichen Flüchtlingen, darunter auch Kindern verhafteter oder verstorbener jüdischer Eltern, in ihrer abgelegenen Villa Aufnahme und Versorgung gewähren. Einer der Flüchtlinge, der 1939 aus Wien entkommene Alexander Nagler (1904-1944), der später im Leben Charlottes eine wichtige Rolle spielte, wurde von Ottilie Moore in die Betreuungsaufgaben der Kinder mit einbezogen. Über die Zeit entwickelte sich zwischen ihnen eine intime Beziehung.

Charlotte, die sich in der neuen Umgebung erst einmal von dem Druck, der Angst und Gefahr, die in Berlin auf ihr lasteten, befreit fühlte, nutzte ihre Zeit mit Malen. Sie war tief beeindruckt von den Farben der südlichen Landschaft, den Ausblicken auf das Meer in seinen unterschiedlichsten Blaufärbungen und der Vielgestalt der Natur im Park des Anwesens. Hier gab es eine Vielzahl von Motiven für Charlotte und sie entwickelte die Hoffnung, mit ihren Bildern etwas Geld für den Lebensunterhalt der drei Familienmitglieder verdienen zu können. Der Freund Emil Straus (1899-1985) schrieb 1939 über Charlotte in Villefranche-sur-Mer:

> So stand sie eines Tages vor mir [...] etwas ungelenk in ihren Bewegungen und scheu wie ein junges Reh. [...] Sie lebte in ihrer Welt von Licht, Luft und Farben, und es entstanden viele Blätter, Zeichnungen mit Bleistift und Kohle, mit Tusche, mit Farbstift, dazwischen manch duftiges Aquarell: Szenen im Garten, am Strand, auf der Straße. Wo sie auch weilte, zog sie den Zeichenblock aus der Tasche. Sie mußte sich freimachen, und ihre Sprache war Stift oder Pinsel. (Straus, zit. in: Salomon 2017, S. 10)

Ottilie Moore erkannte Charlottes Talent, kaufte Charlotte begeistert einige Landschaftsbilder ab und gab bei ihr Kinderbildnisse und Neujahrskarten in Auftrag. Zwischen den beiden Frauen entwickelte sich eine freundschaftliche Beziehung. Weitere zwischenmenschliche Kontakte konnte Charlotte zu dem Pädagogen

Emil Straus, einem ebenfalls in Villefranche-sur-Mer lebenden Freund der Großeltern, und zu dem Arzt Georges Moridis aufbauen.

Dagegen verschlechterte sich die Beziehung Charlottes zu ihrem Großvater. Er benahm sich aus ihrer Sicht der Situation nicht angemessen, stellte immer Ansprüche, wie er sie aus früheren guten Zeiten in Deutschland kannte, und verhielt sich egoistisch. Für ihren Wunsch, ja Drang zu malen zeigte er überhaupt kein Verständnis, sondern äußerte wiederholt böse Kritik. Sie würde ihre Zeit vergeuden, sollte stattdessen Geld verdienen wie andere, die auch als Hausmädchen arbeiten würden. Dass dies in ihrer Situation vor Ort überhaupt nicht möglich war, schmetterte er einfach ab.

Nachdem im September 1939 Deutschland Polen angriff, erklärten Frankreich und England Deutschland den Krieg und damit begann der Zweite Weltkrieg. Charlottes Großeltern fühlten sich sehr belastet durch die Umstände des Flüchtlingslebens, dem Schwinden ihrer Geldreserven und der Abhängigkeit von Ottilie Moore. Mit ihr gerieten sie immer häufiger in Konflikt. Um die Situation zu entlasten, suchte Charlotte für sich und die Großeltern zu Beginn des Jahres 1940 ein kleines Appartement in Nizza. Den Kontakt zu Ottilie Moore erhielt sie jedoch weiter aufrecht.

Die Großmutter, die sich von den herannahenden deutschen Truppen bis in ihren Alltag hinein bedroht fühlte und kaum noch in der Lage war zu kommunizieren, versuchte sich zu erhängen. Zu diesem Zeitpunkt eröffnete der Großvater Charlotte das belastende Familiengeheimnis, dass nicht nur die Großmutter den Tod habe suchen wollen, sondern auch Charlottes Mutter und weitere Familienmitglieder hätten den Freitod gewählt. Charlotte, zutiefst schockiert, setzte in der Folge alles daran, die Großmutter wieder optimistischer zu stimmen. Letztendlich konnte sie es nicht verhindern, dass die Großmutter vor ihren Augen am 5. März 1940 aus dem Fenster in den Tod sprang. Charlotte blieb verzweifelt zurück.

Gefangenschaft

Die politischen Verhältnisse spitzten sich in Südfrankreich weiter zu, Charlotte und ihr Großvater wurden im Sommer 1940 von der Regierung des Marschalls Pétain für mehrere Wochen im Lager Camp de Gurs nordöstlich der Pyrenäen interniert. Aufgrund des hohen Lebensalters des Großvaters und unter der Bedingung, dass Charlotte zukünftig mit ihm zusammenleben und ihn versorgen würde, kam es zur Freilassung und Rückkehr nach Villefranche-sur-Mer. Sie bezogen dort gemeinsam eine kleine Wohnung.

Die vorausgegangenen Ereignisse, die Enthüllungen über die Selbstmorde in der Familie und das schwierige alltägliche Zusammenleben mit dem ihr gegenüber häufig sich böswillig und bedrängend verhaltenden Großvater schwächten Charlotte mental und körperlich. In ihrem Zyklus *Leben? oder Theater?* lässt sie Charlotte sagen:

> ‚Weißt du Großpapa, ich habe das Gefühl, als ob man die ganze Welt wieder zusammensetzen müsste' und den Großvater entgegnen: ‚Nun nimm dir doch schon endlich das Leben, damit dies Geklöne endlich aufhört.' (Salomon 2017, S. 575)

Sie stürzte in eine schwere psychische Krise, zu der sie in ihrem Werk notierte: „Lieber Gott, lass mich bloß nicht wahnsinnig werden." (Salomon 2017, S. 563) Desweitern schreibt sie:

> Doch auf die Dauer konnte ein solch tagnächtliches Leben selbst bei einem dazu ‚veranlagten' Geschöpf nicht ertragen werden. Und sie sah sich nun auch vor die Frage gestellt, sich das Leben zu nehmen oder etwas ganz Verrückt–Besonderes zu unternehmen. (Salomon 2017, S. 579)

In ihrer Verzweiflung wendete sich Charlotte an den befreundeten Arzt Dr. Georges Moridis. Dieser gab ihr den dringenden Rat, sich künstlerisch mit ihrem Leben auseinanderzusetzen. Charlotte schreibt dazu:

> Günstige Verhältnisse kamen in dem Menschen, dem zum Dank dieses Werk gewidmet ist (Ottilie Moore, MS), dazu, dass sie sich etwas ausruhen konnte und zu gleicher Zeit vollkommenste Gelegenheit hatte, die Menschen der damaligen Epoche genauest kennen und hassen, lieben oder verachten gelernt zu haben. – So fiel ihr ... ein altes Erlebnis ihrer glühendsten einstmaligen Liebe ein. Und sie versuchte sich ... diese Gestalt zu verdeutlichen. ... und sie bemerkte, dass dies eine sehr interessante Beschäftigung sei. Sie fand nämlich heraus, dass diese Figur ... sie vielleicht vor einem Selbstmord bewahren könnte, insofern, als sie sich an einen ihrer (Wolfsohns, MS) Hauptsätze ... erinnerte: Liebe, erkenne dich erst selbst, um deinen Nächsten zu lieben. ... Man muss erst in sich gegangen sein – in seine eigene Kindheit –, um außer sich gehen zu können. (Salomon 2017, S. 579)

Ihre Beziehung zum Großvater verschlechterte sich zusehends, er kritisierte ihren Wunsch, zu malen. Bald war es Charlotte nicht mehr möglich, den zermürbenden Alltag mit dem Großvater zu leben, und sie kam auf die Idee, sich ein Zimmer zum Arbeiten zu suchen, um eine Zeit vom Erdboden verschwinden zu können.

Sie setzte sich damit der Gefahr aus, wenn dies entdeckt würde, wieder in das Lager Gurs zurück zu müssen. Marthe Pécher, die Besitzerin des Hotels *La Belle Aurore* in Saint-Jean-Cap-Ferrat, stellte ihr Ende 1941 ein Zimmer zur Verfügung.

Ihr Kunstwerk entsteht

In der Zurückgezogenheit des Zimmers gelang es Charlotte, die Bilderfolge der Geschichte ihres Lebens wie in einem Bühnenstück zu gestalten. Sie malte viele Menschen und Situationen, fügte eigene und Texte aus der Literatur hinzu und ergänzte sie mit den für sie passenden Musikstücken. Der Prolog erzählt ihr Leben von der Geburt bis zur Kunstakademie. Der Hauptteil handelt von der Bekanntschaft mit *Amadeus Daberlohn*, im realen Leben Alfred Wolfsohn, und der Epilog umfasst die Zeit in Südfrankreich von 1939 bis 1942.

Ihre Stiefmutter Paula Salomon-Lindberg ist in der *Paulinka Bimbam* wiederzuerkennen, ihr Vater als *Doktor Kann,* und dem tyrannischen Großvater gab Charlotte den Namen *Herr Dr. Knarre*. So stellte sie mit ihrem sehr speziellen Humor diese Figuren nicht nur immer eins zu eins dar, sondern als Bühnenfiguren. Über 1.000 Szenen ließ sie entstehen, wobei für sie erst eine Melodie da war, meistens Lieder aus dem Repertoire ihrer Stiefmutter Paula. Sie begann, die Musik auf der einen Seite ihres Papieres zu notieren, drehte es dann um, fing an zu malen und schrieb die Texte ins Bild. Abschließend sortierte, nummerierte, bündelte sie ihr Werk, verpackte es in braunes Papier und beschriftete es mit dem Empfängernamen Ottilie Moore. Im Sommer 1942 übergab sie dieses Paket dem befreundeten Arzt Dr. Moridis mit den Worten: „Sorg gut dafür, es ist mein ganzes Leben."

Indem Charlotte Salomon sich auf die Suche nach sich selbst begeben hatte und sich mit ihrer Vergangenheit auseinandersetzte, eröffnete sich für sie in einem künstlerischen Prozess die Möglichkeit der Erkenntnis der sie umgebenden Welt und damit die Kraft, ihr Leben weiterzuführen.

Der Krieg und das Leben gingen unterdessen unaufhörlich weiter. 1941 reiste Ottilie Moore mit einigen der jüdischen Kinder in die USA zurück. Sie übergab Alexander Nagler eine Geldsumme, mit der er für die vier verbliebenen jüdischen Kinder sorgen und sich um die Villa und den großen Garten weiter kümmern sollte.

Zwischen Charlotte und Alexander Nagler entwickelte sich allmählich eine Liebesbeziehung. Nachdem der Großvater Anfang 1943 verstorben war, zog Charlotte in die *Ermitage* zurück und heiratete im Juni 1943 den deutlich älteren Alexander.

Im September 1943 kapitulierte Italien und die Deutschen rückten in Nizza ein. Die antisemitischen Spannungen hatten weiter zugenommen, für das Paar war es gefährlich geworden in der Villa zu wohnen, sie zogen in das kleine Gartenhäuschen, verhängten die Fenster und verließen ihre Unterkunft nur noch im Schutz der Dunkelheit. Das Anwesen lag wie ausgestorben da.

Nicht ihre Angst verdüsterte ihr Leben, vielmehr die trostlosen Rituale des Alltags, wie Essen, Trinken, Schlafen. Nicht schwimmen, nicht zu allen Tages- und Nachtzeiten aufs Meer blicken zu können, weil Büsche und Bäume die Aussicht verstellten, darunter litt Charlotte am meisten. Als sie vor drei Jahren hier angekommen war, hatte sie das Meer als ihr großes persönliches Glück entdeckt, das ihr eine neue Form von Heimat schenkte. Sie hatte es in allen Facetten erlebt, jetzt war es ihr genommen und das Gartenhaus zum Gefängnis geworden. Ab und zu träumte sie von der Zeit nach dem Krieg, von einem Wiedersehen mit den Eltern, die verblüfft schauen würden, wenn sie mit einem Kind auf dem Arm und einem Ehemann an ihrer Seite vor ihnen stände. Aber der Kontakt war längst abgebrochen, sie hoffte die Eltern in Amerika.

Möglicherweise fühlte sich jemand durch die tausend Francs verlockt, die für eine Denunziation gezahlt wurden, oder erhoffte sich andere Vorteile, als er die Entscheidung traf, Charlottes und Alexanders Aufenthalt an die Schergen der Nationalsozialisten zu verraten.

Drei Monate nach ihrer Hochzeit, am 21. oder 24. September, wurden sie auf dem Gelände der Villa *L'Ermitage* festgenommen. Beide kamen über das Sammellager Drancy, östlich von Paris, nach Auschwitz, wo die schwangere 26-Jährige vermutlich unmittelbar nach der Ankunft am 10. Oktober 1943 umgebracht wurde. Alexander Nagler verstarb am 2. Januar 1944 an den Folgen der Zwangsarbeit.

Überlebende

Die Eltern Albert und Paula Salomon-Lindberg waren im Mai 1943 in Amsterdam verhaftet und in das Durchgangslager Westerbork deportiert worden. Beide wurden als Helfer eingesetzt und mussten in der Krankenbaracke des Lagers arbeiten. Unter dem Vorwand, dringend erforderliche medizinische Geräte aus Amsterdam herbeischaffen zu müssen, konnten sie im November 1943 das Lager verlassen und die Gelegenheit nutzen, bis zum Kriegsende in Südholland versteckt zu überleben. Bei ihrer Rückkehr nach Amsterdam erfuhren sie vom Tod Charlottes in Auschwitz.

1947 entschlossen sie sich, nach Südfrankreich zu reisen, in der Hoffnung, eine Erinnerung an ihre Tochter dort zu finden. Sie suchten Ottilie Moore auf, die unterdessen an die Riviera zurückgekehrt war. Von ihr erfuhren sie etwas über ihre Tochter und deren Leben mit den Großeltern während der Zeit, als sie sich auf dem Gelände von Moore aufhielten. An den Wänden ihrer Wohnung entdeckten die Salomons Bilder, die ihre Tochter gemalt hatte. Der Bitte, ihnen diese auszuhändigen, verweigerte sich Ottilie zwar, übergab ihnen aber Charlottes Koffer, den ihr der Arzt und Freund Georges Moridis in Villefranche-sur-Mer nach ihrer Rückkehr ausgehändigt hatte.

Die in dem Koffer gelagerten Bilder ihrer Tochter erschütterten die Salomons zutiefst. Sie fühlten sich damit konfrontiert, wie Charlotte in den Gouachen mit sprechblasenähnlicher Figurenrede, begleitendem Erzählkommentar und musikalischen Regieanweisungen ihr bedrohtes Leben samt ihrer Familiengeschichte in Wort und Bild dargestellt hatte.

Die Eltern nahmen das Kunstwerk mit nach Amsterdam. Die Gouachen wurden 1961 im *Museum Fodor* erstmals öffentlich ausgestellt und 1971 von Albert Salomon dem *Joods Historisch Museum* in Amsterdam gestiftet. Heute befindet sich Charlottes aus 765 Gouachen bestehendes *Leben? oder Theater? Ein Singespiel* im *Jüdischen Museum* in Amsterdam.

Würdigung

Leben? oder Theater? ist ein einzigartiges autobiografisches Gesamtkunstwerk, eine comicartige Collage aus Bildern, Texten und Notationen zu Begleitmelodien. Mal wird die Handlung humor- und liebevoll bis ins kleinste Detail dargestellt, mal nur skizzenhaft angedeutet, mal sind ganze Monologe oder Dialoge zu lesen, es gibt reine, oft ironisch erzählende Textblätter ebenso wie malerische Einzelarbeiten von großer farbiger Intensität.

Deutlich wird vor allem die künstlerische Selbstbehauptung gegen die tödliche Bedrohung des Holocaust einerseits und die des Familienschicksals andererseits. Charlotte Salomon beschrieb ihre Verzweiflung angesichts der Suizide von Mutter und Großmutter, ihr Werben um die Gunst der Stiefmutter, ihre enttäuschte Liebe zu dem Bewunderer der Stiefmutter und ihre Situation mit den Großeltern in Südfrankreich.

Beim Betrachten der Bilder ist es, als ob sie eine Brücke schlagen von Seele zu Seele, als ob sie einen besonders tiefen, intimen Blick in ein Geheimnis offenbaren und diesen darin verborgenen Schmerz und die Verzweiflung der jungen Frau nachspüren lassen.

Psychologisch kann man zusammenfassen, dass im kreativen Prozess die Schmerzen der Vergangenheit und die angstvollen Zukunftserwartungen aufgehoben werden können. Wenn wir uns den Erfahrungen, die Vergangenes, Gegenwärtiges und Zukünftiges umfassen, mit kreativer Leidenschaft widmen, kann eine Transformation stattfinden, die uns, wenn auch nur für kurze Zeit, Gefühle von Erfüllung und Ewigkeit beschert. Erleben und Verstehen müssen aber durch Tätigkeiten vergegenständlicht werden, die in Bildern, Texten oder Musikstücken ihren Ausdruck/Niederschlag finden. Der selbstbezogene Aspekt der kreativen Leidenschaft wird damit um eine gemeinschafts- und realitätsbezogene Perspektive erweitert.

Aus vielen psychologischen Untersuchungen ist bekannt, dass sich seelische Gesundheit und Lebensfreude festigt, wenn es Menschen gelingt, mit ihren bewussten und unbewussten Erinnerungen in Kontakt zu bleiben. Dies führt zu stabilem Kohärenzerleben und Identitätsgefühl, das zu kreativen Tätigkeiten befähigen kann. Das bedeutet: Wenn alles Schaffen subjektiv und dem eigenen Erleben abgerungen ist, ist es auch ein Dienst an den Anderen. Jeder Mensch dient der Gemeinschaft, wenn er der Maxime folgt, seine persönliche Entwicklung zu verstehen und in die Hand zu nehmen, sich bis an sein Lebensende als wünschend und strebend zu begreifen. Nicht nur in Kunst und Wissenschaft, sondern auch im alltäglichen Leben ist fruchtbare Tätigkeit wie Lernen und Bilden ein Leitmotiv, das zur Verwirklichung des individuellen und sozialen Selbst führt.

Charlotte Salomon zeigt uns in ihrem künstlerischen Werk beispielhaft, dass sie in ihrem Leben durch Höhen und Tiefen ging und wie sie trotz der schicksalhaften Krisen Vergangenes, Gegenwärtiges und bedrohlichste Zukunft dennoch bewältigte. Sie stellte sich nicht nur als ein Opfer, sondern als ein Subjekt dar, das die eigene Geschichte in die Hand nahm und darüber ins Leben zurückfinden konnte. Tragisch blieb, dass ihr Leben ein so frühes Ende durch ihre Ermordung in Auschwitz nahm.

Dennoch hat sie als Künstlerin, als Mensch in ihrem Werk überlebt. Ursprünglich wurden ihre Bilder oft nur als zeithistorische Dokumente wahrgenommen und mit dem Tagebuch der Anne Frank (1929-1945) gleichgesetzt. Das hat sich inzwischen verändert: Durch die in den letzten Jahren in den verschiedensten Ländern durchgeführten Ausstellungen, u.a. auf der documenta 2012 in Kassel, erreichte Salomons Arbeit einen größeren Bekanntheitsgrad und wird als ernstzunehmende Kunst beachtet. Mittlerweile wird Salomons *Singespiel* als Theaterstück, Oper und Ballett in mehreren Sprachen aufgeführt. Es geht über ein rein biografisches Werk hinaus, Charlotte hat Fakten mit Fiktion geschickt verwoben. Der Betrachter, Leser oder Hörer kann auch heute wieder von den belastenden Zeitbildern aufgerüttelt und angeregt werden, über die Bedrohung des zunehmenden Rechtsradikalismus nachzudenken. Gleichzeitig wird ihm vor

Augen geführt, wie Salomon einen Weg gefunden hat, trotz der Tragik ihrer Lebensumstände, etwas Überdauerndes, Wertvolles gegensetzen zu können, was einer Vorbildwirkung gleichkommen kann. Für uns Nachkommende ist es wichtig und wert, die Erinnerung an Charlotte Salomon und ihr Werk lebendig zu halten, damit wir uns immer wieder aufgerufen fühlen, in der eigenen Gegenwart wachsam für Ungerechtigkeiten zu sein und selbst aktiv nach einem mitmenschlichen Ausweg zu suchen.

Über die Autoren

Eisner, Margarete, Dr. phil., Dipl.-Psych., geb. 1951 in Kassel, Studium der Pharmazie und Psychologie an der Freien Universität Berlin, 2010 Promotion in Psychologie. Psychologische Psychotherapeutin.

Schoene, Dieter, Dipl.-Kameralist, Obermagistratsrat i.R., geb. 1941 in Berlin, Studium der Verwaltungswissenschaft, Aquarellmaler.

Schoene, Monika, Dr. phil., Dipl.-Psych., geb. 1946 in Berlin, Studium der Psychologie an der Freien Universität Berlin; 2005 Promotion im Fach Psychologie. Psychologische Psychotherapeutin.

Literaturangaben zu den Essays

Prolog

Danzer, G. (Hrsg.). (1996). Dichten ist ein Akt der Revolte. Würzburg: Königshausen und Neumann.

Heidenreich, E. (2005). In: Bollmann, St., Frauen, die lesen, sind gefährlich. (3. Auflage). München: Elisabeth Sandmann.

Rattner, J./Danzer, G. (2002). Gipfelpunkte des englischen Geisteslebens von 1850-1950. Würzburg: Königshausen und Neumann.

Sagner, K. (Hrsg.). (2014a). Hélène de Beauvoir. Souvenirs. München: Elisabeth Sandmann. (Übersetzung: Elsbeth Ranke).

Salomon, C. (2017). Leben? oder Theater? Köln: Taschen GmbH.

Elizabeth von Arnim

Arnim v., E. (1990). Elizabeth und ihr Garten. Frankfurt a.M.: Insel.

Dies. (1993a). Alle meine Hunde. Frankfurt a.M. – Leipzig: Insel.

Dies. (1993b). Die sieben Spiegel der Lady Frances. Frankfurt a.M. – Berlin: Ullstein.

Charms de, L. (1958). Elizabeth of the German Garden. London: Heinemann [Pseudonym für Elisabeth Butterworth, geb. Freiin von Arnim, Tochter von Henning August Graf von Arnim u. Mary Annette (Elizabeth) Gräfin von Arnim, geb. Beauchamp]

Jüngling, K./Roßbeck, B. (1996). Elizabeth von Arnim – Eine Biographie. Frankfurt a.M. – Leipzig: Insel.

Mansfield, K. (1995). Eine Tasse Tee. In: Meistererzählungen. Frankfurt a.M.: Suhrkamp.

Dies. Briefe. In: Sullivan, V. O' (Hrsg.). (1992). Frankfurt a.M. – Leipzig: Insel.

Usborne, K. (1994). Elizabeth von Arnim – Eine Biographie. Frankfurt a.M.: Schöffling & Co.

Franziska Gräfin zu Reventlow

Alle Zitate (in Originalschreibweise) aus dem Reventlow'schen Werk unter: Bd. 1 – Bd. 5, Bd. 1: Ellen Olestjerne: S. 11-184, Von Paul zu Pedro: S. 185-249; Bd. 2: Herrn Dames Aufzeichnungen: S. 7-112. In: Schardt, M. (Hrsg.). (2004): Franziska zu Reventlow. Sämtliche Werke in fünf Bänden. Oldenburg: Igel Verlag Literatur.

Egbringhoff, U. (2000). Franziska zu Reventlow. Monographie. Reinbek bei Hamburg: Rowohlt.

Kargl, K./Fromm, W. (Hrsg.). (2018). Die Kehrseite des deutschen Wunders. Franziska zu Reventlow und der Erste Weltkrieg. München: Volk Verlag.

Katalog: Küchmeister, K./Nicolaisen, D./Wolff-Thomsen, U. (Hrsg.). (2010). „Alles möchte ich immer". Franziska Gräfin zu Reventlow. Göttingen: Wallstein.

Mühsam, E. (1949). Namen und Menschen. Unpolitische Erinnerungen. Leipzig: Volk und Buch.

Overath, A. (2004). Das halbe Brot der Vögel. Portraits und Passagen. Göttingen: Wallstein.

Püschel, U. (Hrsg.). (1991). Franziska Gräfin zu Reventlow: Der Selbstmordverein. Zwei kleine Romane und drei Aufsätze. Berlin: Verlag der Nation.

TB/Tagebuch: Weiser, I./Gutsch, J. (Hrsg.). (2011). „Wir sehen uns ins Auge, das Leben und ich". F. Gräfin zu Reventlow. Tagebücher 1895-1910. Passau: Karl Stutz.

Weiser, I./Seydel, D./Gutsch, J. (Hrsg.). (2004). „Wir üben uns jetzt wie Esel schreien ...". Franziska Gräfin zu Reventlow/Bohdan von Suchocki. Briefwechsel 1903-1909. Passau: Karl Stutz.

Katia Mann

Flügge, M. (2009). Die vier Leben der Marta Feuchtwanger – Biographie. (4. Auflage). Berlin: Aufbau.

Flügge, M. (2016). Das Jahrhundert der Manns. Berlin: Aufbau.

Harpprecht, K. (1996). Thomas Mann. Eine Biographie. Reinbek b. Hamburg: Rowohlt.

Jens, I./Jens, W. (2004). Frau Thomas Mann. Das Leben der Katharina Pringsheim. Reinbek b. Hamburg: Rowohlt.

Jüngling, K./Rossbeck, B. (2004). Katia Mann. Die Frau des Zauberers. Berlin: List.

Krüll, M. (2010). Im Netz der Zauberer. Eine andere Geschichte der Familie Mann. Frankfurt a.M.: S. Fischer.

Lahme, T. (2015). Die Manns. Geschichte einer Familie. Frankfurt a.M.: S. Fischer.

Lahme, T. et al. (Hrsg.). (2016). Die Briefe der Manns. Ein Familienporträt. Frankfurt a.M.: S. Fischer.

Plessen, E./Mann, M. (Hrsg.). (1999). Meine ungeschriebenen Memoiren. Frankfurt a.M.: S. Fischer.

Mann, K. (1955). Brief v. Oktober 1955 an Molly Shenstone. Der Spiegel 8/2003, S. 142

Schröter, K. (1986). Thomas Mann. Monographie. Reinbek b. Hamburg: Rowohlt.

Weissensteiner, F. (2004). Verständnisvolle Gefährtin und Dienerin am Werk. Katia Mann. In: Die Frauen der Genies. S. 213-263. München: Piper.

Wüstner, A. (2011). Ich war immer verärgert, wenn ich ein Mädchen bekam. Die Eltern Katia und Thomas Mann. München: Piper.

Marta Feuchtwanger

Berlinger, J./Fischer, L. M. (2017). Manuskript/Dokumentation: Der Schatz von Pacific Palisades – Marta Feuchtwangers Sekretär und Chauffeur Ludwig Max Fischer. Feature. Bayerisches Feuilleton. Bayern 2 vom 21.04.2017.

Feuchtwanger, M. (1983). Nur eine Frau. Jahre – Tage – Stunden. (2. Auflage). München, Wien: Langen Müller.

Feuchtwanger, M. & Hermann, I. (Hrsg.). (1991). Leben mit Lion. Gespräch mit Reinhart Hoffmeister in der Reihe „Zeugen des Jahrhunderts". Göttingen: Lamuv.

Flügge, M. (2009). Die vier Leben der Marta Feuchtwanger – Biographie. (4. Auflage). Berlin: Aufbau.

Hélène de Beauvoir

Bair, D. (1990). Simone de Beauvoir – Eine Biographie. München: Knaus.

Danzer, G. (2015). Europa, deine Frauen. Berlin Heidelberg: Springer.

Hammer, L. (2014). In: Sagner, K. (Hrsg.). (2014b). Die Malerin Hélène de Beauvoir. München: Hirmer.

Heidenreich, E. (2005). In: Bollmann, St., Frauen, die lesen, sind gefährlich. (3. Auflage). München: Elisabeth Sandmann.

Monteil, C. (2003). Die Schwestern Hélène und Simone de Beauvoir. München: F. A. Herbig Verlagsbuchhandlung GmbH.

Rattner, J./Danzer, G. (2001). Liebe und Ehe. Darmstadt: Wissenschaftliche Buchhandlung.

Sagner, K. (Hrsg.). (2014a). Hélène de Beauvoir. Souvenirs. München: Elisabeth Sandmann. (Originalausgabe: Beauvoir de, Hélène. Souvenirs. Recueillis par

Marcelle Routier. Paris: Séguier. 1987 – Vollständige Überarbeitung für die vorliegende deutsche Ausgabe; Übersetzung: Elsbeth Ranke).
Sagner, K. (Hrsg.). (2014b). „Das Talent liegt in der Familie“ Die Malerin Hélène de Beauvoir. München: Hirmer.

Charlotte Salomon

Belinfante, J. C. E. (2017). Was ist Leben? oder Theater?. Essay. In: Charlotte Salomon: Leben? oder Theater?. Köln: Taschen. S. 6-48.
Benesch, E. (2017). Leben oder Theater? als Spiegel von Kunst und Kultur im Berlin der späten 1920er – und frühen 1930er – Jahre. Essay. In: Charlotte Salomon: Leben? oder Theater?. Köln: Taschen. S. 51-74.
Foenkinos, D. (2016). Charlotte. München: Penguin.
Greiner, M. (2017). Charlotte Salomon „Es ist mein ganzes Leben“. München: Knaus.
Salomon, C. (2017). Leben? oder Theater? Ein Singespiel. 1940-1943. Köln: Taschen.
Salomon-Lindberg, P. (1992). „Mein C’est la vie-Leben“. Gespräch über ein bewegtes Leben in einer bewegten Zeit. Aufgezeichnet von Christine Fischer-Defoy. Berlin: Das Arsenal.

Namensverzeichnis

A

B

C

D

E

Reinhold Köpke
Keine Angst vor Goethe
Eine Annäherung in 23 Kapiteln
234 S., Hardcover, erschienen Juli 2017
ISBN: 978-3-946130-12-3
24,00 €

Über den Inhalt

Reinhold Köpkes Reiseerlebnisse, seine Vorträge und Aufsätze bringen uns Goethe und die anderen Personen des klassischen Weimars auf unaufgeregte und informative Weise nahe. Wir lesen von Goethes Genie und Schaffenskraft, seiner Arbeit und seiner Geselligkeit, von seinem Liebesleben und von seinem Umgang mit Muße und Stille.

Seit 1980 hat der Berliner Psychologe Köpke mehr als 100 Mal Weimar und damit Goethe besucht. Diese Beschäftigung war ein Tor in die Welt des menschlichen Seelenlebens, denn die Person Goethes wirft ein vielfältiges Licht auf die menschliche Existenz im Allgemeinen.

Das Buch mit seinen 23 Aufsätzen und Vorträgen eignet sich hervorragend zur Vorbereitung auf eine Weimarreise und kann ebenso angenehmes Erinnerungsstück eines Besuchs dieser kulturell so anregenden Stadt sein.

Über den Autor

Reinhold Köpke, geboren 1940, gelernter Installateur- und Klempnermeister, wechselte nach einem Studium der Psychologie 1999 in den Beruf des Psychotherapeuten. Er hielt Dutzende Kurse an Berliner Volkshochschulen und leitete Seminare an der Berliner Lessing-Hochschule.

Bestellungen in allen Buchhandlungen und auf allen Internet-Plattformen.

Matthias Voigt
Erziehung, Pädagogik und die Kultur der Menschheit
Der Beitrag der Tiefenpsychologie zur kulturellen Evolution
270 Seiten, gebunden, erschienen April 2017
ISBN 978-3-946130-11-6
27,00 €

Gisela Greulich-Janssen

Fühlen und Denken – Wege zur Person
Philosophische und anthropologische Aspekte in der Psychotherapie
160 Seiten, gebunden, Oktober 2017
ISBN 978-3-946130-08-6
19,90 €

Phyllis Bottome
Alfred Adler – aus der Nähe porträtiert
304 Seiten, gebunden, 2., verbesserte Auflage Juli 2017
ISBN: 978-3-00-040056-8
30,00 €

Monika Schoene
Frauengestalten im Werk Theodor Fontanes
Tiefenpsychologische und anthropologische Aspekte
155 Seiten, gebunden, erschienen August 2014
ISBN 978-3-9816670-1-1
27,50 €

Über den Inhalt

Zu Recht gelten die großen Dichter mit ihrem außergewöhnlichen Intuitionsvermögen als Vorläufer der Tiefenpsychologie. Theodor Fontane gehört zu diesem Kreis.

In seinen Frauengestalten Effi Briest, Jenny Treibel, Mathilde Möhring und anderen zeigt er Schwierigkeiten und Probleme auf, die noch für heutige Frauen bedrückend sind.

Wie Sigmund Freud und Alfred Adler unterzog er sich einer Selbstanalyse, die ihm half, menschliche Schicksale zu verstehen.

Was hat uns Fontane heute noch zu sagen? An seinen literarischen Figuren verdeutlicht er, wie menschliche Entwicklung scheitern oder gelingen kann.

Unaufdringlich aber nachhaltig mahnt uns der Dichter, die Selbstwerdung nicht zu vergessen. Er verweist auf lebenslanges Lernen und sieht darin mehr als nur intellektuelle Bildung.

Über die Autorin

Schoene, Monika, Dr. phil., Dipl.-Psych., geb. 1946 in Berlin, Studium der Psychologie an der Freien Universität Berlin; 2005 Promotion im Fach Psychologie. Psychologische Psychotherapeutin

Bestellungen in allen Buchhandlungen und auf allen Internet-Plattformen.